Inge Herold

TURNER
auf Reisen

Prestel
München · New York

Einband (Vorderseite) und Frontispiz:
J.M.W. Turner, Die Dogana, San Giorgio und die Citella
von den Stufen des Hotels Europa aus,
R.A. 1842, Detail, vgl. Seite 106
Einband (Rücken): J.M.W. Turner, Julia und ihre Amme,
R.A. 1836, Detail, vgl. Seite 85

Die Deutsche Bibliothek – CIP-Einheitsaufnahme
Herold, Inge: Turner auf Reisen / Inge Herold.
- München ; New York : Prestel, 1997
(Pegasus-Bibliothek)
ISBN 3-7913-1852-7

© Prestel-Verlag, München New York 1997
Prestel-Verlag Mandlstraße 26 80802 München
Telefon 089/381709-0 Telefax 089/381709-35

Lektorat: Eckhard Hollmann
Gestaltung: Maja Thorn, Berlin
Einbandgestaltung: F. Lüdtke, A. Graschberger, A. Ehmke, München
Satz: LVD, Berlin
Gesetzt aus der DTL Fleischmann (Erhard Kaiser, Leipzig)
Lithographie: Spectrum, Berlin
Druck: Passavia Druckerei GmbH, Passau
Bindung: MIB Conzella, Aschheim

Printed in Germany

ISBN 3-7913-1852-7 (Deutsche Ausgabe)
ISBN 3-7913-1871-3 (Englische Ausgabe)

INHALT

TURNER AUF REISEN
Seite 7

DIE ERSTE REISE AUF DEN KONTINENT 1802
Seite 23

DIE REISE NACH WATERLOO UND AN DEN RHEIN 1817
Seite 37

ITALIEN 1819
Seite 45

RIVERS OF EUROPE: REISEN ZWISCHEN 1821 UND 1832
Seite 57

DIE ITALIEN-REISEN VON 1828 UND 1833: ROM UND VENEDIG
Seite 73

REISEN AUF DEN KONTINENT 1835 BIS 1839
Seite 89

DIE LETZTE VENEDIGREISE 1840
Seite 99

DIE SCHWEIZ- UND DEUTSCHLAND-REISEN ZWISCHEN 1841 UND 1844
Seite 113

ANMERKUNGEN
Seite 121

BIOGRAPHIE
Seite 123

VERZEICHNIS DER ABBILDUNGEN
Seite 129

TURNER AUF REISEN

»Beschuldige mich nicht der Anglomanie, lieber Leser, wenn ich in diesem Buche sehr häufig von Engländern spreche; sie sind jetzt in Italien zu zahlreich, um sie übersehen zu können, sie durchziehen dieses Land in ganzen Schwärmen, lagern in allen Wirtshäusern, laufen überall umher, um alles zu sehen ... Wenn man jenes blonde, rotbäckige Volk mit seinen blanken Kutschen, bunten Lakaien, wiehernden Rennpferden, gränverschleierten Kammerjungfern und sonstig kostbaren Geschirren, neugierig und geputzt, über die Alpen ziehen und Italien durchwandern sieht, glaubt man eine elegante Völkerwanderung zu sehen.«[1] Mit diesen ironischen Sätzen kommentiert Heinrich Heine in seinen zwischen 1826 und 1831 erschienenen ›Reisebildern‹ ein Phänomen seiner Zeit: die Reisefreudigkeit der Briten. Und auch Johann Wolfgang von Goethe konnte sich eine diesbezügliche Bemerkung nicht verkneifen, wenn er Mephisto in der Walpurgisnacht die folgenden Worte zu Faust sprechen läßt: »Sind Briten hier? Sie reisen sonst so viel, Schlachtfeldern nachzuspüren, Wasserfällen, gestürzten Mauern, klassisch-dumpfen Stellen.«[2]

Goethe selbst war 1786 bis 1788 in Italien gewesen und verewigte seine Eindrücke in der berühmten ›Italienischen Reise‹. Heine weilte 1828 in Italien und hätte dort dem britischen Maler William Turner begegnen können, der in diesem Jahr nach Rom aufgebrochen war. Turner war wie seine Landsleute der Reiselust geradezu leidenschaftlich verfallen, wenngleich er nie unter den von Heine geschilderten luxuriösen Umständen zu reisen pflegte. Zeit seines Lebens war das Reisen, die Begegnung mit fremden Landschaften, Städten und Menschen für ihn das unabdingbare Stimulans seiner Kunst.[3] Auch seine Künstlerkollegen Clarkson Stanfield, Samuel Prout, John Sell Cotman, David Roberts, William Havell, Richard Parkes Bonington und Thomas Shotter Boys reisten auf den Kontinent, doch keinen trieb es so häufig und regelmäßig ins Ausland wie Turner.[4] Die auf den Reisen gefüllten Skizzenbücher, unzählige Studien, Aquarelle und Ölbilder geben ein beredtes Zeugnis davon. Vor allem in den letzten Jahren waren die Reisen Turners vermehrt Gegenstand von Forschungen, und in vielen Fällen ist es gelungen, seine Touren detaillierter zu rekonstruieren, gelegentlich auch neu zu datieren. Bislang nicht identifizierte Motive konnten lokalisiert und Zusammenhänge mit dem Gesamtwerk hergestellt werden.[5]

Hand in Hand mit der Reiselust, die im 18. Jahrhundert ihren ersten Höhepunkt erreichte, ging die Veröffentlichung von Reisetagebüchern und literarischen Reiseerinnerungen der unterschiedlichsten Art. Den größten Einfluß übte eine Publikation Lord Byrons (1788–1824) aus, der die Erlebnisse seiner Reisen, die ihn nach Spanien, Deutschland, Italien, Griechenland und sogar in den Orient geführt hatten, in dem Versepos ›Childe Harold's Pilgrimage‹ (1812–1818) verarbeitete.[6] Die autobiographische Figur des Junkers Harold, die Byron über Nacht berühmt machte, verkörperte das Zeitgefühl einer ganzen Epoche: ruhelos, zerrissen, melancholisch, gleichzeitig leidenschaftlich und ironisch ist Harold ein typisches Kind seiner Zeit, geprägt von den Erfahrungen der Napoleonischen Ära. Weder der künstlerischen Form nach noch von der Intention her als Reiseführer gedacht, hatte das Epos bald die Funktion und Wirkung eines solchen. Scharenweise folgte eine begeisterte Leserschaft den Spuren des Titelhelden – darunter auch Turner, der sich manches Mal an den Zielen Harolds orientierte und seinen Bildern gelegentlich Zitate aus dem Epos beifügte. Seine Beschäftigung mit dem Dichter gipfelte schließlich in den 30er Jahren, als er für die Veröffentlichung von Byrons ›Life and Works‹ durch den Verleger John Murray Vignetten anfertigte.[7]

Den Bedürfnissen der immer größer werdenden Zahl von Reisenden entsprechend, entwickelte sich gleichzeitig, wurzelnd in den prosaischeren Reisebeschreibungen der Aufklärung, die Gattung der pragmatischen Reiseführer, die in der ersten Hälfte des 19. Jahrhunderts in den ›Handbooks for Travellers‹ des bereits erwähnten britischen Verlegers Murray ihre bis heute mustergültige Ausprägung fanden. Turner selbst griff, wie wir sehen werden, bei der Vorbereitung seiner Touren häufig auf die neuesten Reiseführer zurück und folgte den darin empfohlenen Wegen.

Ein weiteres Genre, das sich in unmittelbarem Zusammenhang mit der seit dem 18. Jahrhundert stetig steigenden Reiselust entwickelte, waren die topographischen Stichfolgen. Sie lockten in die Ferne, dienten im Vorfeld der Reise als Information und Orientierung, hielten die Erinnerung an das Gesehene und Erlebte fest oder fungierten gar als Ersatz der realen Reise. So gab es bereits im 18. Jahrhundert – vor allem in England – einen Markt für Stichfolgen und illustrierte Reisebücher, der in der ersten Hälfte

*Mole in Calais mit französischen Fischerbooten, die ausfahren wollen.
Ankunft eines englischen Paketbootes, R.A. 1803*

des 19. Jahrhunderts einen ungeheuren Aufschwung nahm. Auch Turner profitierte als gefragter Lieferant von Stichvorlagen davon.

Diese Entwicklungen sind jedoch bereits als Zeugnisse eines neuen Reisezeitalters zu betrachten: Die Napoleonischen Kriege hatten der traditionellen Grand Tour zunächst ein Ende gesetzt. Gerade für die Briten war es angesichts der politischen Lage – 1806 hatte Napoleon eine Kontinentalsperre gegen die Insel verhängt – lange nicht möglich, den Kontinent ungehindert zu bereisen. Und als dies nach der Niederlage Napoleons 1815 wieder möglich war, hatte nicht nur in politischer, wirtschaftlicher und gesellschaftlicher Hinsicht, sondern auch im Blick auf das Reisen eine neue Ära begonnen. Die Errungenschaften der Technik ermöglichten eine viel größere Mobilität, die schon bald zu einer Art Massentourismus führte. Diese Entwicklung ging im wesentlichen von England aus, beruhte aber zu einem Gutteil auf den Verbesserungen der Verkehrsmittel und -wege durch Napoleon im Verlauf seiner Feldzüge. Sowohl die ersten Kutschenstraßen über die Alpen als auch die Route Napoléon am Westufer des Rheins entlang sowie die Einrichtung regelmäßig verkehrender Postkutschen gingen auf die französischen Eroberer zurück. Das erste Dampfschiff, das 1816 den Rhein befuhr, kam aus London über Rotterdam und fuhr bis nach Köln. Im Vergleich mit der sonst üblichen sechswöchigen Dauer der Fahrt mit von Pferden gezogenen Booten waren die vier Tage, die das Schiff benötigte, sensationell. Elf Jahre später eröffnete dann die Preußisch-Rheinische Dampfschiffahrtsgesellschaft den regelmäßigen Verkehr auf der Strecke zwischen Köln und Mainz. Turner nutzte diese schnelle Verbindung auf seinen späten Reisen häufig.

Auch die Eisenbahn war eine in England entwickelte technische Errungenschaft, die das Reisen ungeheuer erleichterte. Die Idee der organisierten Pauschalreise war ebenfalls in England geboren worden: Thomas Cook gründete 1845 das erste Reisebüro und bot zunächst Englandreisen, ab 1855 auch Kontinentreisen an.

Vor dem Hintergrund dieser Veränderungen sind die Reisen William Turners zu sehen. Der Beginn seiner Karriere fällt zusammen mit dem Ende der elitären Grand Tour, und als er 1851 starb, beklagte man am Rhein bereits die Folgen des Massentourismus. Seine Schaffenszeit begann mit dem Ausbruch der Französischen Revolution und endete in dem Jahr, als sich sein Heimatland auf der Weltausstellung als führende Industrie- und Weltmacht präsentierte. So entwickelte sich Turners Malerei in jeder Hinsicht im Spannungsfeld zwischen Tradition und Moderne.

Turner begann seine künstlerische Laufbahn als Topographiezeichner. Noch bevor er 1802 Mitglied der Royal Academy – der 1768 gegründeten wichtigsten künstlerischen Institution des Landes, in der er fast jährlich seine Bilder präsentierte – wurde, hatte er sich als Lieferant von Vorlagen für die in Mode gekommenen topographischen Stichfolgen einen Namen gemacht und einflußreiche Auftraggeber und Käufer für seine Landschaftsaquarelle gefunden. Bereits früh hatte sich das Grundmuster seiner künstlerischen Produktion herausgebildet: In den Sommermonaten unternahm er zunächst in der Heimat ausgedehnte Reisen, auf denen er seine Skizzen-

Unsere Landung in Calais. Beinahe gekentert,
Hafen von Calais-Skizzenbuch, 1802

bücher mit zahllosen Bleistiftstudien füllte. Dieses Material wertete er dann nach der Rückkehr im Atelier aus: Es entstanden farbige Studien, fertig ausgeführte, für den Verkauf bestimmte Aquarelle oder aber ambitionierte, großformatige Ölbilder. Sehr schnell war er von der reinen Topographiedarstellung[8] zu Landschaftsbildern mit stimmungsvollem, symbolischem Gehalt gekommen, die seine künstlerische Zielsetzung, sein Streben nach einer Neubewertung der Landschaftsmalerei erkennen ließen. Turners Darstellung der Landschaft, seine Sicht der Natur fand ihre Vorbilder im Werk der von ihm verehrten Künstler Nicolas Poussin (1594–1665), Salvator Rosa (1615–1673) und Claude Lorrain (1600–1682), welche die Gattungsgrenzen zwischen Landschafts- und Historienmalerei zugunsten einer »historischen Landschaft« aufgelöst hatten. Daneben waren es die Engländer John Robert Cozens (1752–1797) und Richard Wilson (1714–1782), deren gefühlsbetonter Landschaftsauffassung Turner viel verdankte.

Von großem Einfluß auf die Ästhetik der Zeit im Hinblick auf das Bild der Natur und ihrer Wahrnehmung, die auch Turner prägte, war eine Veröffentlichung des Politikers und Philosophen Edmund Burke (1729–1797).[9] In seinem 1757 erschienenen Traktat ›A Philosophical Enquiry into the Origin of our Ideas of the Sublime and the Beautiful‹ postulierte Burke, daß sich die Landschaftsmalerei auf das Unbegrenzte, Überwältigende, Heroische zu richten habe, auf eine Natur, der der Mensch in Furcht gegenübersteht. Im Gegensatz zum Schönen (Beautiful), das, verkörpert im Glatten, Kleinen und Ebenmäßigen, Genuß und Freude weckt, ist das Erhabene (Sublime) also auf das ästhetische Erleben der als bedrohlich empfundenen Natur in Gestalt des aufgewühlten Meeres, schroffer Felsen oder extremer Wetterbedingungen gerichtet. Zu dem Ergötzen an der grenzenlosen Natur gesellte sich das Gefühl des Schreckens mit einer Vorliebe für die Schilderung von Katastrophen jeglicher Art, wie sie auch für Turner charakteristisch ist.

Ende des 18. Jahrhunderts brachte der Stecher und Schriftsteller William Gilpin (1724–1804) einen weiteren Terminus in die ästhetische Diskussion. Mit seinen drei 1792 veröffentlichten Essays ›On Picturesque Beauty‹, ›On Picturesque Travel‹ und ›On Sketching Landscape‹ entwickelte er eine folgenreiche Theorie des Reisens, die nicht nur die Art des Erlebens von Landschaft, sondern auch deren Darstellung maßgeblich beeinflußte.[10] Eine regelrechte Flut von ›picturesque views‹ setzte ein. Pittoreske Schönheit fand Gilpin in hohen Felsen, in Ruinen und Resten mittelalterlicher Architektur sowie im Verlauf großer Flüsse. Die Ansichten hatten vielfältig zu sein, Natur sollte durch von Menschenhand gestaltete Kultur bereichert werden, und auch der Mensch selbst hatte als Staffagefigur in Erscheinung zu treten. Dabei kam es Gilpin bei der Darstellung nicht auf topographische Genauigkeit an, sondern auf das Wecken von Assoziationen und Stimmungen. Durch Gilpins ›Katalog‹ wurde der Blick des Touristen wie auch des Künstlers auf bestimmte Attraktionen und landschaftliche Elemente gelenkt, so daß sich im Laufe der Zeit eine vereinheitlichende Sicht, ein regelrechter Kanon von Wahrnehmungs- und Darstellungsmustern herausbildete, den sich zwar auch Turner zu eigen machte, ihn jedoch durch seinen Erfindungsreichtum, seinen Kolorismus und seine souveräne Technik stets zu beleben und variieren wußte.

Doch zurück zu Turners Reisen: In den ersten Jahren seines Schaffens, den 90er Jahren des 18. Jahrhunderts, bereiste er, nicht zuletzt bedingt durch das politische Geschehen auf dem Kontinent, systematisch seine eigene Heimat. Er besuchte Süd- und Nordengland, die Midlands, Wales und Schottland. Im April 1799 schlug er das Angebot Lord Elgins aus, ihn als topographischer Zeichner nach Athen zu begleiten. Ob wirklich die zu geringe Bezahlung der Grund für diese Absage war, die Abneigung gegen eine zu starke Einschränkung seiner künstlerischen Freiheit im Dienst eines Auftraggebers oder aber mangelndes Interesse an dem Land, sei dahingestellt – Turner reiste jedenfalls niemals nach Griechenland. Sein In-

Schneesturm, Mont Cenis, 1820

teresse galt im wesentlichen den Ländern, die traditionell durch die Route der Grand Tour vorgegeben waren.

Turners Hauptreiseziele zwischen 1802, als er durch den kurzen Frieden von Amiens erstmals auf den Kontinent reisen konnte, und 1845, als er das letzte Mal das Heimatland verließ, waren die Schweiz, Holland, Deutschland, Italien und Frankreich, einige Abstecher führten ihn dabei auch durch Belgien, Luxemburg, Dänemark, Österreich und Böhmen. Einen Großteil seiner Reisen unternahm er, um Material für topographische Arbeiten zu sammeln. Jahrelang beschäftigte ihn ein Projekt über die Flüsse Europas, das schließlich jedoch nur drei Bände zu den franzö-

Die Herrschaften Reisenden bei ihrer Rückkehr aus Italien (vermittels Postkutsche) in einer Schneeverwehung auf dem Mont Tarare, 22. Januar 1829, R.A. 1829

sischen Flüssen Loire und Seine umfassen sollte. Zu anderen Reisen wurde er nicht zuletzt durch die Lektüre von Lord Byron, aber auch durch die Werke von Kollegen oder den konkreten Auftrag eines Mäzens angeregt. Schließlich war es natürlich unabhängig von bestimmten Projekten für einen Landschaftsmaler unabdingbar, sich reisend die Natur mit all ihren Erscheinungen und Wirkungen zu erschließen.

Zwischen den fast alljährlichen Auslandsaufenthalten bereiste Turner immer wieder seine Heimat, auch hier meist im Zusammenhang mit topographischen Serien wie *Malerische Ansichten der englischen Südküste*, 1811–26, *Die Flüsse Englands*, 1822–27, *Die Häfen Englands*, 1826–28, und als Hauptwerk die *Malerischen Ansichten von England und Wales*, 1825–39, um nur die wichtigsten zu nennen.

Wie kein anderer Künstler schildert Turner nicht nur die Landschaften, die er bereist, sondern er thematisiert auch immer wieder das Reisen selbst. Landschaft und Architektur sind nicht allein darstellungswürdig, auch die Fortbewegungsmittel sowie die mit dem Reisen verbundenen Unannehmlichkeiten werden ins Bild gesetzt. In zahlreichen Werken findet man die unterschiedlichsten Arten der Fortbewegung auf dem Wasser

dargestellt: kleine Fischerboote, von Tieren oder Menschen gezogene Boote, Segelboote und sogar Dampfschiffe. Wiederkehrendes Motiv ist außerdem die Kutsche, als wichtiges Symbol des goldenen Zeitalters der großen Reisen. In einem seiner späten Werke setzt Turner schließlich auch der Eisenbahn ein künstlerisches Denkmal.

Ganz das Kind seiner Zeit, liebte Turner die Darstellung von Katastrophen, und so schilderte er in einigen Werken die Gefahren, denen der Reisende unterwegs ausgesetzt war. In besonderem Maße brachte er dabei eigenes Erleben mit ein, was er im Bildtitel oder durch Erzählungen auch betonte. Das erste Zeugnis dieser Art, *Mole in Calais mit französischen Fischerbooten, die ausfahren wollen. Ankunft eines englischen Paketbootes*, stammt von seiner 1802 unternommenen Reise in die Schweiz. Auf der Überfahrt mit dem Boot war er bei der Ankunft in Calais, wie seiner Zeichnung und der Beischrift in dem entsprechenden Skizzenbuch zu entnehmen ist, »beinahe gekentert«. Die Überfahrt zum Kontinent wurde erst 1821 bequemer und sicherer, als die ersten Dampfschiffe ihren Dienst aufnahmen. Malerisch stellte sich Turner mit diesem Werk in die Tradition der nordeuropäischen Kunst des 17. Jahrhunderts mit ihren Marinebildern, die auch in seinem Schaffen einen breiten Raum einnehmen. Sein Spektrum reicht von der Darstellung großer Handelsschiffe in stürmischer See über Schiffbruchszenen – beides bevorzugte Themen im Motivschatz der sublimen Malerei – bis zu ruhigen Morgen- oder Abendstimmungen am Meer. *Mole in Calais* übertrifft an Dramatik und malerischer Freiheit die niederländischen Meister wie Jacob van Ruysdael (1628–1682) oder Willem van de Velde (1633–1707), an denen Turner sich orientierte und maß. Doch geht es ihm nicht allein um die Darstellung einer gefahrvollen Szene, er schildert auch die Begegnung zweier Nationen, die sich bis vor kurzem noch im Kriegszustand miteinander befunden hatten, wobei er mit dem Wort »Poissards« für Fischerboote einen schimpfwortähnlichen Begriff gebrauchte, der mit »Pöbel« oder »Gesindel« zu übersetzen ist. Während die kleine französische Nußschale vergeblich vom Pier loszukommen sucht, sind ein anderes französisches Boot und das vollbesetzte englische Fährboot in einer Art allegorischer Komödie auf die politischen Verhältnisse bemüht, eine Kollision zu vermeiden.

Als Turner im Januar 1820 von seiner ersten Italienreise zurückkehrte, hatte er bei äußerst schlechten Wetterbedingungen den Mont Cenis passiert. Lange Zeit hatte die Überquerung der Alpen eine große Gefahr und Mühsal für die Reisenden dargestellt, und so verwundert die Fülle von lite-

Schneesturm – ein Dampfschiff vor einer Hafeneinfahrt gibt Signale in einer Untiefe und bewegt sich nach dem Lot. Der Autor war in diesem Sturm in der Nacht als die Ariel aus Harwich auslief, R.A. 1842

rarischen Schilderungen, die zum Teil der Abenteuerliteratur verwandt sind, keineswegs. Zur Zeit Turners waren die Straßenverhältnisse jedoch schon viel besser. Gefahr konnte allerdings nach wie vor durch das Wetter drohen, wie es Turner in seinem Aquarell *Schneesturm, Mont Cenis* anschaulich schildert. In monochromem Hell-Dunkel gehalten, zeigt es zwei Kutschen auf der Höhe des Passes, die von einem hellen, aus dem Hintergrund hervorbrechenden Wirbel erfaßt zu werden drohen. Rechts unten hat Turner die Arbeit signiert mit den Worten »Passage of Mt Cenis Jan 15

1820«. Noch Jahre später erinnerte er sich in einem Brief an seinen Freund, den Aquarellisten James Holworthy, an das Ereignis: »Der Mont Cenis war schon seit einiger Zeit für den Verkehr gesperrt, wenn auch die Zeitungen berichteten, daß einige hitzköpfige Engländer einen Monat zuvor gewagt hätten, ihn zu Fuß zu überqueren, was die Einheimischen als halben Wahnsinn betrachteten, eine Ehre, die auf mich und meinen Gefährten übertragen wurde, als wir im Wagen aufbrachen. Am Gipfel schlugen wir um (Übersetzung korrigiert von Verf.). Ein Glück, daß es dazu kam; die Wagentüren waren so zugefroren, daß wir uns genötigt sahen, aus den Fenstern zu klettern ...«[11] Bei der Umsetzung ins Bild verzichtet Turner auf das Umstürzen der Kutsche, das Interesse gilt ganz dem Sturm, der die Pferde scheuen läßt. Allerdings erwähnt Turner diesen Schneesturm im Brief nicht, und man kann sich fragen, ob er nicht eine die Dramatik steigernde Erfindung des Malers war.

Ein noch gefahrvolleres, außergewöhnlicheres Erlebnis während der Fahrt über die Alpen 1829 inspirierte ihn erneut zur Verarbeitung: »Nun zu meiner Heimreise. Glaub mir, kein armer Teufel hatte je eine wie ich, doch war sie wenigstens in einem lehrreich, nämlich, nie wieder so tief im Winter aufzubrechen, denn der Schnee begann bei Foligno zu fallen, mehr Eis als Schnee, so daß die Kutsche durch ihr Gewicht hin und her schleuderte. Zu Fuß zu gehen war bei weitem vorzuziehen, doch meine unzähligen Leibröcke verweigerten mir den Dienst, so war ich bald durch und durch naß, bis bei Sarre-valli die Postkutsche in einen Graben rutschte; es bedurfte sechs Ochsen, nach denen man drei Meilen weit hatte schicken müssen, um sie herauszuziehen; ... Mont Cenis bezwangen wir in einem Schlitten. Wir biwakierten drei Stunden im Schnee bei hell brennenden Feuern am Mont Tarare, während die Postkutsche hergerichtet und ausgegraben wurde; vor dem völligen Umkippen hatte sie eine Schneeverwehung bewahrt.«[12]

Turner verarbeitet das Erlebte in einem Aquarell mit dem humorvollen Titel *Die Herrschaften Reisenden bei ihrer Rückkehr aus Italien (vermittels Postkutsche) in einer Schneeverwehung auf dem Mont Tarare, 22. Januar 1829.* In einer eigentümlichen Verbindung bringt er in diesem Bild die Kälte des Schnees, die Unwirtlichkeit der eisigen Alpenlandschaft in Kontrast zur Glut des Feuers, an dem sich die Reisenden wärmen. Angeblich hat sich Turner hier in der Gestalt des mit dem Rücken zum Betrachter sitzenden Mannes mit Hut selbst im Bild verewigt – gleichermaßen als Betroffener, Beobachter und Darsteller der Szene.

Regen, Dampf und Geschwindigkeit – Die Great Western Railway, R.A. 1844

Während Turner in den beschriebenen Arbeiten seine Reiseerfahrungen unter extremen Wetterbedingungen auf dem Meer und in der sublimen Bergwelt schildert und damit dem Thema der Bedrohung des Menschen durch die Natur eine persönliche Note verleiht, steht in zwei anderen, in den 40er Jahren entstandenen Bildern sein Interesse an Technik und Fortschritt im Vordergrund.

Den Höhepunkt von Turners Liebe zu stürmischen Meeresszenen wie auch seiner Beschäftigung mit dem Motiv des Dampfschiffes stellt ohne Zweifel das Ölbild mit dem Titel *Schneesturm – ein Dampfschiff vor einer Hafeneinfahrt gibt Signale in einer Untiefe und bewegt sich nach dem Lot. Der Autor war in diesem Sturm in der Nacht als die Ariel aus Harwich auslief* dar, das 1842 in der Royal Academy ausgestellt war und dort auf heftigste Kritik stieß: »Dieser Herr hat bei früheren Gelegenheiten mit Sahne oder Schokolade, Eigelb oder Johannisbeergelee zu malen beliebt – hier bietet er sein ganzes Arsenal an Küchengerät auf. Wo das Dampfboot ist – wo der Hafen beginnt oder endet – was die Signale sind und welches der Autor auf der Ariel ist ... dies alles ist leider nicht herauszufinden.«[13] Mit dieser Darstellung überforderte Turner ganz offensichtlich das Wahrnehmungs- und Vorstellungsvermögen seiner Zeitgenossen vollkommen. In radikaler Weise gibt er alle Muster einer traditionellen Komposition auf. Strudelförmig sich im Kreis drehend, sind Wasser, Schnee und Dampf zu einer einheitlichen atmosphärischen Erscheinung verschmolzen. Die Wildheit des Geschehens ist im ungestümen Pinselduktus zu spüren. Um jedoch den Wahrheitsgehalt der Szene hervorzuheben, erhält das Bild den langen, erklärenden Titel, mit dem Turner erstmals ausdrücklich betont, daß er das Geschilderte auch selbst erlebt hat. Zur Untermauerung berichtete er darüber hinaus folgendes: »Ich veranlaßte die Seeleute, mich an den Mast zu binden, damit ich sie [die stürmische See] beobachten konnte: ich war vier Stunden lang angebunden, und erwartete nicht, mit dem Leben davonzukommen; aber ich fühlte mich verpflichtet, die Szene festzuhalten, falls ich überlebte.«[14] Mit dieser Geschichte, die erfunden sein mag, stellte sich Turner in eine populäre Tradition der Marinemalerei: Ähnliche Legenden erzählte man sich von Malern wie Ludolf Backhuysen (1631–1708) oder Claude-Joseph Vernet (1714–1789).

Eine ähnliche Huldigung an die moderne Technik findet sich in dem berühmten zweiten »Schlüsselbild zur Revolution des Dampfes« (Wolfgang Häusler): *Regen, Dampf und Geschwindigkeit – Die Great Western Railway*, das 1844 in der Royal Academy zu sehen war und als erste Darstellung von Geschwindigkeit und Bewegung in der Kunstgeschichte gelten kann.[15] Wie oben erwähnt, war die Eisenbahn damals weder in England noch auf dem Kontinent eine absolute Neuheit, doch hatte sie bis dahin noch keinen Künstler zu einer derartigen Darstellung angeregt. Nach Adolph von Menzels 1847 entstandenem Bild, das in prosaischer Schilderung die Eisenbahn zwischen Berlin und Potsdam zeigt, sollte sich erst Claude Monet in den 70er Jahren des 19. Jahrhunderts ähnlich innovativ mit dem Motiv auseinandersetzen. Turners Bild zeigt das Viadukt der Great Western Railway über die Themse zwischen Maidenhead und Taplow. Turner kannte dessen Erbauer, den Ingenieur Isambard Kingdom Brunel, und war von dessen Unternehmungen wie etwa dem Bau eines Überseedampfers fasziniert. Die Darstellung beruht auf einer persönlichen Erfahrung: Turner streckte während eines Gewitters den Kopf minutenlang aus seinem Abteilfenster, um Wetter wie Geschwindigkeit gleichermaßen spüren zu können. Und vergleichbar mit dem zwei Jahre früher entstandenen *Schneesturm* ist auch hier die Schilderung einer extremen Wettersituation verschmolzen mit der Darstellung eines modernen Fortbewegungsmittels. Sicherlich darf das Bild nicht als Glorifizierung des Fortschritts mißverstanden werden, vielmehr stellt Turner die Frage nach der veränderten Wahrnehmung von Raum, Zeit und Natur durch diese Erfindung.

Im Vergleich von *Mole in Calais* und *Regen, Dampf und Geschwindigkeit*, zwischen denen mehr als 40 Jahre liegen, spiegelt sich nicht zuletzt die rasante Entwicklung, die England vom Agrarstaat zum führenden Industrieland Europas durchlief. Schon 1826 war der Berliner Architekt Karl Friedrich Schinkel (1781–1841) zu einer England-Reise aufgebrochen, um die dortige moderne Bau- und Industrieentwicklung zu studieren, die in Deutschland als vorbildhaft galt. Während Italien mit seinen kulturellen und landschaftlichen Schönheiten das klassische Reise- und Bildungsziel blieb, reiste man nach England, wenn man den Fortschritt in Gewerbe, Industrie und Architektur studieren wollte.

Turner widmete sich sowohl dem Sublimen als auch den pittoresken Schönheiten, verschloß gleichzeitig vor dem Neuen nicht die Augen und verstand es, das Gesehene und Erlebte auf vielfältigste Art bildnerisch umzusetzen.

Die erste Reise auf den Kontinent 1802

»... Abgründe sehr romantisch und überwältigend großartig ...«

Nach dem Frieden von Amiens 1802 war es wieder möglich, ohne Gefahr den Kontinent zu bereisen, und Turner gehörte zu den vielen Briten, die die Gelegenheit sofort nutzten. Sein Ziel war die Schweiz, das Land, welches mit seiner grandiosen Bergwelt für ihn die Vorstellung der sublimen Landschaft am vollkommensten verkörperte.[16] Lange Zeit lediglich als hinderliche Durchgangsstation nach Italien betrachtet, hatte die alpine Landschaft im Laufe des 18. Jahrhunderts begonnen, größere Aufmerksamkeit bei Reisenden, Schriftstellern und Künstlern zu erregen. Neben deutschen, französischen und Schweizer Landschaftsmalern waren es in den letzten Jahrzehnten des ausgehenden 18. Jahrhunderts auch britische Künstler wie z. B. William Pars (1742–1782), John ›Warwick‹ Smith (1749–1831), Francis Towne (1740–1816) und John Robert Cozens (1752–1797), die sich von den landschaftlichen Besonderheiten angezogen fühlten. Durch das Werk dieser Künstler hatte sich Turner bereits lange Zeit vor seiner Reise ein Bild von diesem Land machen können. Von besonderer Bedeutung waren für ihn die Aquarelle Cozens', die er während seines Studiums an der ›Akademie‹ des Dr. Monro in den 90er Jahren kopiert hatte.

Turner verließ London Mitte Juli, und bereits die Überfahrt nach Calais lieferte ihm ein Motiv, das er nach seiner Rückkehr in ein Bild umsetzte. In Paris eingetroffen, machte er die Bekanntschaft eines jungen vermögenden Engländers namens Newby Lowson, und beide beschlossen, die Tour gemeinsam fortzusetzen. Lowson mietete eine Kutsche und einen Schweizer Führer, Bequemlichkeiten, die sich Turner auf seinen späteren, allein unternommenen Touren nicht leistete. Von Paris führte die Route über Tournus, Macon und Lyon bis nach Grenoble. Bis dahin hatte Turner zwar einige Bleistiftskizzen gemacht, doch hier begann nun der intensive und eigentlich produktive Teil der Reise: Von Genf über Bonneville, Sallanches, Chamonix reisten die beiden zum Mont Blanc, von Aosta weiter über den Großen St. Bernhard-Pass nach Martigny und Chillon bis nach Lausanne, dann nach Bern, Thun, Brienz und Luzern. Dem St. Gotthard-Paß galt ebenso wie dem Rheinfall bei Schaffhausen ein

Das Winzerfest zu Beginn der Weinlese in Macon, R.A. 1803

Abstecher, bevor man bei Laufenburg die majestätische Bergwelt hinter sich ließ. Der Rückweg nach Paris dauerte annähernd fünf Tage, wobei Turner – wie schon auf dem Hinweg – der Landschaft nur wenig abgewinnen konnte. Dort angekommen, traf er sich Ende September mit seinem Kollegen Joseph Farington, dem er seine Reise schilderte, was dieser wiederum in seinem Tagebuch festgehalten hat: »Turner kam. Er war drei Tage in Lyon. Er hat keine hohe Meinung von der Rhône an dieser Stelle; doch die Ansichten der Saône seien schön. Die Gebäude von Lyon seien besser als die von Edinburgh, doch etwas so Gutes wie das Schloß von Edinburgh gebe es nicht. Die Große Chartreuse sei schön, ebenso Grindelwald in der Schweiz. Die Bäume in der Schweiz seien schlecht für Maler, – Fragmente und Abgründe sehr romantisch und überwältigend großartig. Das Land als Ganzes übertrifft Wales; und auch Schottland ... « Und neben den landschaftlichen Besonderheiten und Vergleichen kam man natürlich auch auf ganz Alltägliches zu sprechen: »Er fand die französischen und Schweizer Weine zu sauer für seine empfindliche Konstitution. Er war oft sehr erschöpft vom Wandern und litt unter schlechtem Essen & Quartier. Das Wetter war sehr gut. Er sah sehr schöne Gewitter in den Bergen.«[17] Bevor Turner nach London zurückkehrte, studierte er noch wie Farington und viele andere Maler die von Napoleon im Louvre aus aller Welt zusammengetragenen Kunstschätze. Sein besonderes Interesse galt den Werken von Raffael, Correggio, Giorgione, Tizian, Poussin, Ruysdael, Rembrandt und Rubens. Eines seiner Skizzenbücher füllte er mit Studien und Farbschemata nach Gemälden dieser Künstler und machte sich ausführliche Notizen über die Wirkung bestimmter Bilder. Die in Paris gesehenen Meisterwerke waren ihm Maßstab und Orientierung, wie die Gemälde, die er nach seiner Rückkehr schuf und in der Royal Academy ausstellte, deutlich zeigen. Während *Mole in Calais* den holländischen Meistern verpflichtet ist, stellt *Das Winzerfest zu Beginn der Weinlese in Macon* eine Huldigung an den verehrten Claude Lorrain dar, von dessen Werken er bei seinem Aufenthalt in Paris allerdings erstaunlicherweise keine Studien angefertigt hatte. Die Landschaft ist in einem weiten Panorama im Gegenlicht gezeigt. Vergleichbar mit Lorrains klassischen pastoralen Landschaften erscheinen im Vordergrund rahmende Baumgruppen und Figurenstaffagen, während ein Fluß den Blick des Betrachters in die Tiefe lenkt.

Insgesamt hatte Turner auf seiner fast dreimonatigen Reise neun Skizzenbücher unterschiedlicher Größe benutzt und mit mehr als 500 Zeichnungen gefüllt. Er arbeitete darin systematisch, wollte er doch auf das gesammelte Material als Vorlage für Aquarelle und Ölbilder noch Jahre später zurückgreifen. Daß er sich auch für die Menschen interessierte,

Claude Lorrain (1600–1682),
Landschaft mit Ponte Molle, 1645

Schweizer Figuren, Schweizer Figuren-Skizzenbuch, 1802

zeigt das sogenannte *Schweizer Figuren-Skizzenbuch*, in das Turner Figurenstudien malte und zeichnete. Die festlich gekleideten Menschen in ihren Trachten lassen vermuten, daß der Großteil während eines Festtages entstanden sein dürfte.

Während Turner in einigen der Skizzenbücher die Landschafts- und Stadtansichten relativ kursorisch mit Bleistift festhielt und zur Identifizierung beschriftete, entwickelte er im *Grenoble-* und im *St. Gotthard und Mont Blanc-Skizzenbuch* sorgfältiger ausgeführte Kompositionsstudien. Beide Bücher waren mit grauer Grundierung präpariert und enthielten andererseits Zeichnungen, die in Bleistift angelegt waren und dann mit dunkler Kreide

Gletscher und Quelle des Arveiron am Einstieg zum Mer de Glace, R.A. 1803

oder weißer Gouache überarbeitet wurden, und andererseits mit Wasser- und Deckfarbe kolorierte, bildmäßige Studien.

Nachdem Turner nach London zurückgekehrt war, ging er daran, das gesammelte Material zu bearbeiten. In einem beschrifteten Album stellte er eine Auswahl der besten Zeichnungen aus den beiden genannten Skizzenbüchern zusammen, um es potentiellen Kunden vorzulegen. Und er hatte Erfolg: Einer der ersten Käufer war Walter Fawkes, ein Landbesitzer aus Yorkshire, der nicht nur zu einem der wichtigsten Sammler Turners, sondern auch zu seinem engen Freund werden sollte. Bis 1820 erwarb Fawkes insgesamt 20 Arbeiten mit Schweizer Motiven, darunter auch ein Aquarell, das Turner 1803 in der Ausstellung der Royal Academy präsentiert hatte und dem eine Skizzenbuchstudie zugrundelag. Dargestellt sind *Gletsch*er *und Quelle des Arveiron am Einstieg zum Mer de Glace*. Der Größe und Macht der wolkenverhangenen Bergwelt scheinen die Bäume, als düstere Gerippe mehr tot als lebendig, kaum trotzen zu können. Einige Ziegen, begleitet von einem Hirten – der im Kontrast zur Natur verschwindend klein dargestellt ist – suchen in der kargen Landschaft ihr spärliches Futter. Das an Tonalitäten reiche Blatt zeigt, welch subtile Feinheit im Umgang mit der Aquarelltechnik Turner bereits erworben hatte. In seinem Bemühen, die Aquarellmalerei auf die gleiche Stufe wie die vornehmere Ölmalerei zu heben, hatte er eine Vielfalt an speziellen Techniken

*Die Schöllenen, von der Teufelsbrücke aus gesehen,
St. Gotthard und Mont Blanc-Skizzenbuch, 1802*

entwickelt, nicht zuletzt eine Methode der Herstellung von Glanzlichtern durch Auskratzen der überschüssigen Farbe mittels seines berühmten langen Daumennagels.

Ein Motiv, dem Turner sich in mehreren Arbeiten intensiv widmete und das besonders geeignet schien, die bedrohliche Erhabenheit der Berge zu symbolisieren, war das des Abgrundes und der Schlucht. Wiederum ausgehend von einer Studie im *St. Gotthard und Mont Blanc-Skizzenbuch*, die den St. Gotthard-Paß von der Teufelsbrücke aus zeigt, schuf er ein Aquarell sowie ein Ölbild dieses Motivs. Der Betrachter scheint über dem Abgrund zu schweben. Die schmale Schlucht ist dunkel und wolkenverhangen, nur am oberen Rand ist ein kleiner Fleck blauen Himmels zu sehen. Sonnenlicht fällt lediglich auf die steilen Felsen links oben. Darunter

*Gabriel Lory d. J. (1784–1846),
Die Teufelsbrücke in der Schöllenen, 1827*

zieht sich die gemauerte Paßstraße entlang und scheint direkt in den Abgrund zu führen. In der Ausschnitthaftigkeit des vertikalen Formats ist der Höhenausdehnung der Felsen keine Grenzen gesetzt, und auch der Grund der Schlucht kann nicht ausgemacht werden.

Auch die Sicht von der Paßstraße auf die Teufelsbrücke, neben dem Mer de Glace eines der beliebtesten Motive, hielt Turner in seinem Skizzenbuch fest und schuf davon ausgehend wiederum ein Aquarell und ein Ölbild. Die Brücke, 1799 im Kampf zwischen Russen und Franzosen zerstört, war gerade erst wieder aufgebaut worden, als Turner 1802 den Paß besuchte. Indem er eine Kolonne von Soldaten die Straße aufwärts ziehen läßt, erinnert er an die kriegerischen Ereignisse und demonstriert damit, daß er sein Interesse nicht nur auf die Landschaft, sondern auch auf die Schauplätze der jüngsten politischen Geschehnisse richtete (so besuchte er auch den Großen St. Bernhard, den Napoleon 1800 überquert hatte). In Turners Ölbild schaut rechts am Bildrand gerade ein Soldat schaudernd in

Die Teufelsbrücke am St. Gotthard, um 1803-04

den Abgrund, während ein anderer wie ein Seiltänzer zur Überquerung der Brücke ansetzt. Ohne Geländer führt sie über die tiefe Schlucht, durch die sich das reißende Wasser seinen Weg bahnt. Dunkle wirbelnde Wolken scheinen Regen oder Gewitter anzukündigen. Kurz: Das Bedrohliche, Ehrfurchtgebietende und gleichzeitig Faszinierende der Natur ist hier monumental ins Bild gesetzt, doch auch der Leistung des Menschen, der diese Welt zugänglich gemacht hat, wird Hochachtung gezollt.

Wie sehr Turner die Realität überstieg erte, um diese Aussagen zu erreichen, zeigt ein Vergleich mit einem 1827 entstandenen Aquarell des

Der Rheinfall von Schaffhausen, R.A. 1806

Schweizer Landschaftsmalers Gabriel Lory (1784–1846). Während der Blickpunkt Turners der eines über der Schlucht schwebenden Vogels zu sein scheint, steht der Betrachter bei Lory fest und sicher auf der Straße. Die Schlucht ist hier der Wirklichkeit entsprechend längst nicht so tief und eng, die Hänge zeigen wenigstens spärliches Grün, und die Berge steigen nicht wie bei Turner unermeßlich in die Höhe.

Turners Begeisterung für Wasserfälle, die analog zu Darstellungen des stürmischen Meeres das Mysteriöse und Wilde der Natur zur Anschauung zu bringen vermochten, fand ihren Höhepunkt in der Begegnung mit dem Rheinfall bei Schaffhausen, dem größten Wasserfall Europas. In einem 1806 in der Royal Academy ausgestellten Ölbild verarbeitet Turner seine auf der Reise gemachten Eindrücke in gewohnt übersteigerter Art. Die Vorstellung eines nicht alltäglichen Ereignisses, das das Ausmaß einer biblischen Sintflut anzunehmen droht, wird verstärkt durch aufziehende Gewitterwolken, vor denen ein Regenbogen steht. Auch das Verhalten der Menschen und Tiere im Vordergrund trägt dazu bei: Scheuende Pferde, ein widerspenstiges Schaf und ein schreiendes Baby antworten dem Aufruhr der Elemente.

Verwandt in der Dramatik des Geschehens ist diesem Bild ein vier Jahre später in der Royal Academy ausgestelltes Gemälde: *Niedergang einer Lawine in Graubünden*. Steht das erste Bild in der Tradition der topographischen Landschaftsmalerei, handelt es sich bei dem zweiten um eine reine

Katastrophendarstellung. Wenngleich es letztendlich auf sein Schweiz-Erlebnis zurückgeht, entspringt es weniger Turners eigener Anschauung als vielmehr seiner durch die Reiseerfahrungen angeregten Phantasie. 1802 war er nicht nach Graubünden gekommen, doch geht es in dem Bild ohnehin nicht um die exakte Schilderung einer bestimmten Gegend. Zur Darstellung mag ihn der Bericht von einer Lawine angeregt haben, die im Dezember 1808 in Selva in Graubünden 25 Menschen unter sich begraben hatte. Außerdem trat Turner mit diesem Bild in Konkurrenz mit einem Ölbild Philip James de Loutherbourgs (1740–1812), das ebenfalls den Niedergang einer Lawine zeigt und 1803 in der Royal Academy ausgestellt war. Ebenso wie Turner hatte Loutherbourg, der, aus Fulda stammend, 1771 nach London übergesiedelt war, einen ausgeprägten Hang zur Darstellung dramatischer Naturereignisse. Verglichen mit Turners apokalyptischer Schilderung wirken Loutherbourgs Schneemassen allerdings trotz

Niedergang einer Lawine in Graubünden, R.A. 1810

der theatralischen Gestik der bedrohten Menschen im Vordergrund eher harmlos. Der bühnenartigen, überschaubaren Bildanlage Loutherbourgs setzt Turner eine Komposition aus Diagonalen entgegen, die jedoch eine Klärung der räumlichen Verhältnisse nicht zuläßt. Der Gewalt der Szene entspricht die unkonventionelle Malweise: Die Oberfläche ist durch Kratzen, Schaben und Ritzen mit Spachtel, Pinselstiel oder Daumennagel bearbeitet, um den Aufruhr der Elemente, die Wildheit des Geschehens angemessen darstellen zu können. Mit ungewöhnlichen Mitteln erfüllt Turner hier das von der sublimen Landschaftsmalerei geforderte Verlangen nach dem visuellen Schrecken.

Wie vielseitig Turners Schaffen war, demonstriert er in anderen Aquarellen und Ölbildern, die eine heitere, idyllische Stimmung verbreiten. *Der Brienzer See*, ein 1809 entstandenes Aquarell, gehört zu diesen Schweizer Motiven, in denen die erhabene Wildheit ersetzt ist durch sonnenerfüllte, lyrische Ansichten mit südlichem Flair. Turner schildert detailreich das muntere Treiben des Volkes am Ufer des ruhig daliegenden Sees. Die Berge beherrschen zwar den Hintergrund der Komposition, doch wirken sie nicht bedrohlich. Der Ödnis unbewohnbarer Regionen stellt Turner in solchen Arbeiten die vom Menschen kultivierte pittoreske Landschaft entgegen, in der Mensch und Natur in Einklang miteinander sind.

Philip James de Loutherbourg (1740–1812), Die Lawine, 1803

Der Brienzer See, 1809

Turners erste Reise auf den Kontinent war von großem Einfluß auf seine künstlerische Entwicklung. Sowohl das Studium der großen Meister in Paris als auch die Erforschung der alpinen Landschaft bestimmten in den folgenden Jahren sein Schaffen.

Dieser ersten Kontinent-Reise sollte lange keine weitere folgen. Nach dem kurzen Friedensintermezzo standen die folgenden Jahre ganz im Zeichen des Konflikts zwischen der französischen Kontinental- und der britischen Seemacht. Die 1806 von Napoleon verhängte Kontinentalsperre gegen die Briten verhinderte das Reisen, und erst 1815 fanden mit der Niederlage von Waterloo die kriegerischen Auseinandersetzungen endlich ihr Ende.

Die Reise nach Waterloo und an den Rhein 1817

»Mutter Natur! Wie überreich du bist am Ufer deines königlichen Rheins!«

Als Turner im August 1817 London verließ, um nach Jahren der erzwungenen Pause erneut den Kontinent zu besuchen, war er im Gegensatz zu seiner kurzfristig geplanten Schweiz-Reise bestens informiert und vorbereitet. Sein Ziel waren das Schlachtfeld von Waterloo und der Rhein, in beiden Fällen den Spuren Lord Byrons folgend.[18] Das Epos ›Childe Harold's Pilgrimage‹, in dem Byron neben der Poetisierung seiner Reiseeindrücke auch die politischen Ereignisse der Zeit kommentierte, war, wie erwähnt, von geradezu überwältigender Wirkung auf das britische Publikum. Reiseführer jeder Art, bis hin zu Murrays ›Handbooks‹ der 30er Jahre, zitierten an den entsprechenden Orten die betreffenden Stellen des Gedichts. Seine Reisen nach Portugal, Spanien und Griechenland hatte Byron in den 1812 veröffentlichten Canti I und II besungen. 1816 war der Dichter einer der ersten gewesen, der nach den Befreiungskriegen Waterloo, das Rheinland und die Schweiz besucht hatte. Noch im selben Jahr erschien Canto III, in dem er mit den Zeilen »Mutter Natur! Wie überreich du bist am Ufer deines königlichen Rheins!«[19] die Schönheiten des Flusses pries, aber auch die Sinnlosigkeit des Krieges (»Reiter und Roß – Freund, Feind, in rotem Blut ersäuft«[20]) beklagte.

Vor dem Hintergrund der Napoleonischen Kriege hatte gerade das Rheinland als deutsch-französisches Grenz- bzw. Besatzungsgebiet eine neue politische Bedeutung erfahren.[21] Schnell wurde der Fluß zu einem nationalen Symbol des deutschen Freiheitswillens gegen den französischen Okkupator.

Die landschaftlichen Reize des Rheins hatten vor Byron schon Clemens Brentano (1778–1842) und Achim von Arnim (1781–1831) entdeckt, als sie 1802 den Fluß entlang gezogen waren. Auch Friedrich Schlegel (1772–1829) war im selben Jahr an den Rhein gekommen und hatte begeistert geschrieben: »Bei dem freundlichen Bonn fängt die eigentlich schöne Rheingegend an; eine reich geschmückte breite Flur, die sich wie eine große Schlucht zwischen Hügeln und Bergen eine Tagereise lang hinaufzieht bis an den Einfluß der Mosel bei Koblenz; von da bis St. Goar und

Bingen wird das Tal immer enger, die Felsen schroffer, und die Gegend wilder; und hier ist der Rhein am schönsten ... Nichts aber vermag den Eindruck so zu verschönern und zu verstärken, als die Spuren menschlicher Kühnheit an den Ruinen der Natur, kühne Burgen auf wilden Felsen.«[22]

Der Rhein wurde im Zuge der politischen Ereignisse und der ästhetischen Neubewertung durch die Romantik in den ersten Jahrzehnten des 19. Jahrhunderts zu einer regelrechten Touristenattraktion. Hand in Hand damit ging die Verbesserung der Verkehrswege: Bereits unter Napoleon war aus militärischen Gründen am linken Rheinufer eine befestigte Straße zwischen Mainz und Koblenz entstanden, während der Verkehr auf dem Wasser durch die Dampfschiffe eine neue Dimension erfuhr. So kann die Fülle der Reiseliteratur und der Stichfolgen zum Rhein, die in der ersten Hälfte des 19. Jahrhunderts erschienen, kaum verwundern.

Zur Vorbereitung seiner Reise konnte Turner auf unterschiedliche Informationsquellen zurückgreifen.[23] Zunächst besorgte er sich den soeben in zweiter Auflage erschienenen Führer ›The Traveller's Complete Guide through Belgium and Holland ... with a Sketch of a Tour in Germany‹ von Charles Campbell. Ein anderes, ebenfalls 1817 publiziertes Buch, das Turner erwarb, war J. Mawmans ›A Picturesque Tour through France, Switzerland, on the Banks of the Rhine, and through Part of the Netherlands‹. Weitere Quellen boten ihm zwei illustrierte Bände: ›Sketches in Flanders and Holland ...‹ von Robert Hills sowie ›Views taken on and near the River Rhine, at Aix la Chapelle, and on the River Maese‹ von John Gardnor, zwischen 1788 und 1791 und noch einmal 1792 veröffentlicht. Gerade Gardnors malerisch und effektvoll inszenierte Rheindarstellungen hatten großen Erfolg und prägten das Rheinbild der Briten maßgeblich. Schließlich erwarb Turner noch drei Skizzenbücher unterschiedlicher Größe. In das kleinste trug er nicht nur einen genauen Zeitplan ein, durch den der Reiseverlauf außergewöhnlich gut dokumentiert ist, sondern auch Bemerkungen über Sehenswürdigkeiten, Unterkünfte, Währungen und andere Dinge, die ihm auf der Reise von Nutzen sein konnten. Da er dieses Mal allein und ohne landes- und sprachkundigen Führer unterwegs war, notierte er sich zudem einige Redewendungen und Begriffe wie beispielsweise »Can ich here essen?«. Die meisten der Notizen stammten aus den Führern Campbells und Gardnors, und es ist offensichtlich, daß er auf vielen Strecken den von beiden Autoren vorgeschlagenen Wegen folgte.

Turner verließ London am 10. August und setzte von Margate aus über nach Ostende. Er besuchte Brügge, Gent und Brüssel und kam dann auf

Das Schlachtfeld von Waterloo, R.A. 1818

Byrons Spuren zum Schlachtfeld von Waterloo, wo Napoleon 1815 von den britischen und preußischen Streitkräften endgültig besiegt worden war. Sein großes Interesse am Hergang der Schlacht sowie am Anblick des kahlen Schlachtfeldes schlug sich zunächst in zahlreichen Bleistiftskizzen auf siebzehn Seiten des Skizzenbuches nieder. Von der Reise zurückgekehrt, begann er ein großformatiges Ölbild, das er 1818 in der Royal Academy ausstellte. Im Katalog zitierte er die entsprechenden Verse aus Byrons Canto III, wie schon Campbell in seinem Führer. Turners Bild ist jedoch nicht als bloße Illustration der Byronschen Zeilen zu verstehen, es spricht daraus vielmehr die Betonung der geistigen Verwandtschaft mit dem geschätzten Dichter. Bei Turners Darstellung handelt es sich nicht um ein konventionelles Schlachtengemälde, es zeigt weder den Kampf noch feiert es den Sieg. Stattdessen schildert Turner die Nacht nach der Schlacht mit schwelenden Ruinen und Frauen, die im Licht der Fackeln in den Leichenbergen nach Überlebenden suchen. Was Turner mit Byron verband, war die

Die Pfalz bei Kaub, 1817

Überzeugung von der Vergeblichkeit und der Nutzlosigkeit menschlichen Machtstrebens (»Dieselbe Macht, die Ruhm verliehen hat, nahm ihn hinweg, bevor ein Tag entfloh«[24]).

Von Waterloo aus reiste Turner über Aachen weiter nach Köln. In den folgenden zwölf Tagen widmete er sich dem intensiven Studium des Mittelrheins bis nach Mainz. Während er die Strecke flußaufwärts bis auf den letzten Teil zu Fuß zurücklegte, nahm er auf dem Rückweg von Mainz nach Köln größtenteils den Wasserweg. Von dort reiste er über Aachen und Lüttich nach Antwerpen. Ein letzter Abstecher galt dem nördlichen Teil der Niederlande, der ihn von Rotterdam über Den Haag, Leiden und Haarlem bis nach Amsterdam und über Utrecht wieder zurück führte.

Die Pfalz, Kaub und Gutenfels, Osterspai und Feltzen, Waterloo- und Rhein-Skizzenbuch, 1817

Christian Georg Schütz d. J. (1758–1823), Die Pfalz von Kaub mit Burg Gutenfels, 1818

Lorelei und Sankt Goarshausen, 1817

Auf dieser Rheintour füllte Turner unermüdlich seine Skizzenbücher. Sein Hauptaugenmerk galt der direkten Umgebung des Flusses, also der malerischen Verbindung von Wasser, schroffen Felsen oder sanften Hängen und zahlreichen pittoresken Burgen und Ruinen. Schnell hingeworfene Skizzen wechseln mit detailliert ausgeführten Studien, breit angelegte Panoramaansichten mit winzigen, in rechteckige Felder gesetzten Skizzen. Im Gegensatz zur Schweiz-Reise fertigte er dieses Mal keine Aquarellskizzen an. Er zog es vor – vielleicht wegen der knapp bemessenen Zeit, möglicherweise auch, weil er, wie einer Notiz im Skizzenbuch zu entnehmen ist, seinen Farbkasten unterwegs verloren hatte –, mit Bleistift zu skizzieren.

Neben den beiden Ölbildern – *Waterloo* und einer Ansicht von Dordrecht – entstanden nach der Reise nicht weniger als 50 Aquarelle, die dem Rhein gewidmet waren. In der für ihn charakteristischen Art setzte Turner auf das fast ausschließlich grau grundierte Papier weitflächige Lavierungen transparenter Wasserfarben und Partien milchiger Deckfarben. In trockenerem Farbauftrag fügte er mit feinen Pinselstrichen Details ein und erzeugte mittels Bleiweiß oder Auskratzungen die Lichter. Die gesamte Serie wurde von Walter Fawkes während eines Besuchs Turners auf dessen Landsitz Farnley Hall im Winter desselben Jahres erworben. Lange glaubte man im Hinblick auf die spontane Malweise und angesichts der differenzierten atmosphärischen Schilderung von Lichteffekten, sie seien an Ort und Stelle entstanden, doch mittlerweile gilt als gesichert, daß Turner sie gleich nach seiner Rückkehr auf der Basis der Bleistiftskizzen angefertigt hat. Alle Motive lassen sich auf eine oder mehrere Studien in den Skizzenbüchern zurückführen. So auch das Aquarell *Die Pfalz bei Kaub*, in dem verschiedene, vor Ort gezeichnete Skizzen kombiniert sind. Obwohl Turner sich bei seiner Motivauswahl trotz besonderer Akzentsetzungen und Vorlieben überwiegend an den traditionellen Kanon der Sehenswürdigkeiten hielt, unterscheiden sich auch seine Rhein-Aquarelle wieder wesentlich von den Darstellungen seiner Vorgänger und Zeitgenossen. Während beispielsweise Christian Georg Schütz d. J. (1758–1823) in einer 1818 gemalten Ansicht die Pfalz vom Fluß aus gesehen zentral ins Bild setzt und die architektonischen und landschaftlichen Elemente detailreich bei klarem hellen Licht zeigt, ist Turners Darstellung durch eine diffus atmosphärische Stimmung gekennzeichnet, die sehr viel mehr Wert auf Lichteffekte und Farbe als auf die penible Schilderung der Topographie legt. Turner schildert hier jedoch nicht nur ein äußerst pittoreskes Motiv, sondern als Kenner der jüngsten Geschichte auch einen Ort von historischer Bedeutung. An dieser Stelle hatte in der Neujahrsnacht 1813/14 Marschall Blücher mit seiner Armee den Rhein überquert, um die Offensive gegen die französische Besatzung zu beginnen, die schließlich in Waterloo ihr Ende fand.

Eine weitere Vorliebe Turners galt der Lorelei, dem berühmtesten Felsen am Rhein, dem er mit sieben Werken eine besondere Stellung innerhalb der Serie einräumte. Gefürchtet wegen seiner gefährlichen Untiefen und im Wasser verborgenen Felsen, war diese Stelle eine besondere Attraktion, zusätzlich mystifiziert durch die Legende von einer Sirene, die mit ihrer Schönheit und ihrem Gesang die Männer lockt und in den Tod führt. Um die Jahrhundertwende von Clemens Brentano erfunden, erfuhr die Gestalt durch Heinrich Heines 1824 erstmals veröffentlichtes Lied »Ich weiß nicht, was soll es bedeuten« ihre bis heute gültige, populäre Ausprägung. Ob Turner von der sagenhaften Frauengestalt gehört hatte, sei dahin gestellt, sicher ist, daß ihn die monumentale Größe des aus dem gefährlichen Wasser ragenden Felsens als ideale Verkörperung des Sublimen magisch anzog. In einem der Aquarelle schildert Turner die Topographie als fjordartige Szene. Dunkel, erhaben und furchteinflößend wächst der Felsen auf der rechten Seite bis zum Bildrand empor. Im Hintergrund sind St. Goarshausen und Burg Katz zu sehen, beleuchtet durch eine temporäre Auflockerung des bewölkten Himmels.

Turner nahm lediglich zwei Stadtansichten in seine Serie auf. Ein Blatt ist Mainz gewidmet, während ein anderes, lange verschollenes Aquarell den Blick auf Köln zeigt. Links ist der Bayenturm so ins Bild gesetzt, daß

Köln, 1817

er die beiden im Bau befindlichen Teile des unvollendeten Doms dahinter – Chor und Südturm – trennt. Durch diese betonte Inszenierung verweist Turner auf die Bedeutung des Bauwerkes. In der 1808 begonnenen Wiederaufnahme des seit Mitte des 16. Jahrhunderts unvollendet gebliebenen Baus fand die Gotikbegeisterung der deutschen Romantik ein zentrales nationales Monument.

Etliche Motive der Rheinserie, darunter auch die Köln-Ansicht, wiederholte Turner in den folgenden Jahren detaillierter und in größerem Format, teils im Auftrag von Sammlern, teils im Zusammenhang mit einem Buchprojekt, das von dem Verleger John Murray und dem Graphikhändler William Bernard Cooke geplant war. Das Vorhaben, zu dem Turner 36 Rheinansichten als Stichvorlagen liefern sollte, wurde jedoch um 1820 eingestellt, da gerade das Werk ›A picturesque Tour along the Rhine, from Mentz to Cologne‹ auf den englischen Markt gekommen war, mit 24 Radierungen nach Zeichnungen des bereits erwähnten Christian Georg Schütz und einem Text von Baron Johann von Gerning. Turners Interesse am Rheinland erlosch jedoch nach diesem Fehlschlag nicht. Noch in späteren Jahren, auf der Rückreise von Italien oder der Schweiz kommend, lieferte ihm die Rheinlandschaft Motive für Aquarelle und Stichvorlagen, doch waren es zwei andere Engländer, Robert Batty (1789–1848) und Clarkson Stanfield (1793–1867), die in den 20er und 30er Jahren topographische Stichfolgen zum Rhein schufen.

Italien 1819

*»Turner sollte nach Rom kommen. Hier würde sein Genie
neue geistige Nahrung finden …«*

Im Sommer 1819 verließ Turner London mit dem Ziel Italien, ein Land, dem schon von jeher sein Interesse gegolten hatte.[25] Kultureller Reichtum und landschaftliche Reize hatten es zum Höhe- und Zielpunkt der Grand Tour und Rom zu einem Zentrum für Künstler jeglicher Herkunft gemacht. Turner waren die Landschaften und Städte Italiens bereits in jungen Jahren durch die Werke britischer Künstler wie Richard Wilson, John Robert Cozens, Francis Towne oder William Pars vertraut. Die Beschäftigung mit Claude Lorrain hatte darüber hinaus nicht nur seine Auffassung von Landschaftsmalerei geprägt, sondern auch seine Vorstellung von der mediterranen Stimmung Italiens. Besonders durch die Bekanntschaft mit Sir Richard Colt Hoare, einem seiner ersten Förderer und Auftraggeber, der selbst Italien bereist, dort gezeichnet und seine Erlebnisse auch in Buchform veröffentlicht hatte, war Turners Interesse an diesem Land geweckt worden.

Schon Jahre vor seiner Reise entstanden Arbeiten, die Italien gewidmet waren. In *Landschaft: Komposition von Tivoli* von 1817 weist Turner auch direkt darauf hin, daß er zwar über topographische Kenntnisse verfügt, diese jedoch nicht auf eigene Anschauung zurückzuführen sind.

1818 wurde er mit einem Projekt beauftragt, das den Wunsch, nun selbst die berühmten Orte zu sehen, noch verstärkt haben muß. Für James Hakewills ›Picturesque Tour in Italy‹, die zwischen 1818 und 1820 mit großem Erfolg veröffentlicht wurde, fertigte er als Stichvorlagen achtzehn Aquarelle nach dessen eigenen Bleistift-Umrißzeichnungen an. Und James Hakewill war es auch, der Turner vor seiner Abreise mit Reisetips und Informationen versah, die wichtigsten schrieb er ihm sogar in der Art eines Reiseführers in einem seiner Skizzenbücher nieder. Auch andere Literatur wie ›Select Views in Italy‹ von John ›Warwick‹ Smith, William Byrne und John Emes von 1792–1796 oder J.C. Eustaces ›Tour through Italy‹, das 1817 in dritter Auflage erschienen war, diente ihm als Fundus, aus dem er Skizzen und Notizen in ein kleines, handliches Skizzenbuch exzerpierte, das er auf der Reise mit sich führen konnte.

Canal Grande, Blick auf die Rialto-Brücke, 1819

Einen zusätzlichen Anstoß, die Reise nach Italien nun in Angriff zu nehmen, hat ohne Zweifel auch die Veröffentlichung von Canto IV von Byrons ›Childe Harold's Pilgrimage‹ gegeben. Dieser letzte, Italien gewidmete Teil des Epos erschien im Frühjahr 1818, als Turner gerade an den Aquarellen für Hakewill saß. Ihn zu lesen, hat sicherlich nicht nur diese Arbeit beflügelt, sondern auch den Entschluß geweckt, erneut den Spuren des Dichters zu folgen. Turners Academy-Kollege Sir Thomas Lawrence bemerkte in einem an Joseph Farington gerichteten Brief aus Italien: »Turner sollte nach Rom kommen. Hier würde sein Genie neue geistige Nahrung finden, die ihm vollkommen entsprechend und kongenial ist…«[26]

Turners Reise – er verließ London am 31. Juli 1819 und kehrte am 1. Februar 1820 zurück – ist in fast 2000 Skizzen (etwa 60 davon in Farbe), mit denen er mehr als 20 Bücher unterschiedlichen Formates füllte, anschaulich dokumentiert. Von Calais aus reiste Turner mit der Kutsche über Paris nach Lyon und überquerte die Alpen über den Paß des Mont Cenis. Nach kurzen Aufenthalten in Turin und Mailand, von wo aus er einen Ausflug zu den italienischen Seen unternahm, erreichte er am 8. oder 9. September Venedig, das er am 12. oder 13. des Monats wieder verließ.[27] Die Beliebtheit der Lagunenstadt bei den Briten in der ersten Hälfte des 19. Jahrhunderts kann wesentlich auf den Einfluß Lord Byrons zurückgeführt werden. Doch auch Werke wie William Wordsworths ›Ode on the Extinction of the Venetian Republic‹ oder Percy Bysshe Shelleys ›Lines written among the Euganean Hills‹ weckten das Interesse. War für Reisende seit dem 17. Jahrhundert ein Besuch Venedigs unerläßlich gewesen, so ließ der Besucherstrom Ende des 18. Jahrhunderts mit dem Aufkommen des Klassizismus zunächst nach: Rom hatte sich zum absoluten Zentrum der Künste entwickelt. Mit dem schwindenden Interesse an der Kunst Venedigs ging der politische und wirtschaftliche Niedergang der Stadt einher, der 1797 mit der Auflösung der Republik und der Besetzung durch Franzosen und

Venedig: San Giorgio Maggiore: Morgen, 1819

Österreicher seinen Tiefpunkt erreichte. Armut, Schmutz und Verfall prägten das Bild Venedigs in den ersten beiden Jahrzehnten des 19. Jahrhunderts: »Selten steht ein Palast gut erhalten ... Der Verfall des venezianischen Handels muß jedem Fremden beim Anblick der Stadt auffallen. Verarmtheit und Reduktion zeigen sich überall und lassen einen übeln Eindruck nach«, schreibt Karl Friedrich Schinkel während seiner Italien-Reise 1802.[28] Gewöhnlich mieden die Reisenden die Stadt, Byron jedoch war gerade dieser Umstand reizvoll erschienen. Er hielt sich von 1816 bis 1819 in Venedig auf, wo er Canto IV verfaßte, der mit den Worten beginnt: »Ich weilte auf Venedigs Seufzerbogen, ein Kerker, ein Palast zu jeder Hand; ich sah die Bauten steigen aus den Wogen wie Zaubrers Blendwerk; ein Jahrtausend stand vor mir, die dunklen Flügel ausgespannt; sterbender Glanz umfloß die sieggewohnte versunkne Zeit, da manch bezwungnes Land dem Marmorsitz des Flügellöwen fronte; wo stolz Venezia auf hundert Inseln thronte.«[29]

Während seines Aufenthaltes 1819 hielt Turner die Sehenswürdigkeiten der Stadt, ihre Paläste, Plätze und Brücken, in zahlreichen Bleistiftskizzen fest. Lediglich vier Studien legte er in Wasserfarben an. Sie spiegeln

*Rom: Die Fassade des Pantheon,
Petersdom-Skizzenbuch, 1819*

keineswegs die melancholische Sicht Byrons, sondern sind von einer Freiheit, Schönheit, Sparsamkeit und lichten Transparenz wie bisher keines seiner Aquarelle. Eine der Arbeiten zeigt den Blick vom Eingang des Canal Grande auf San Giorgio Maggiore. Ohne die Szene vorher mit Bleistift zu skizzieren, brachte Turner in freier Lavierung die Formen auf das Papier. Um die blendende Helligkeit besser wiedergeben zu können, verzichtete er auf die sonst gewohnte graue Grundierung des Papiers. Sein Hauptinteresse galt nicht der Erfassung der Topographie, sondern dem faszinierenden Spiel des hellgelben Morgenlichts auf Architektur und Wasser. Die in dunstigem Graublau gehaltenen Gebäude scheinen ebenso wie die Boote auf dem Wasser zu schweben. Wasser, Himmel und Licht sind die bildbestimmenden, Atmosphäre schaffenden Faktoren.

Ohne Zweifel begeisterte die Lagunenstadt Turner, doch sein eigentliches Ziel war Rom. Erst in den 30er und 40er Jahren sollte Venedig zum bevorzugten Bildmotiv werden. Von Venedig reiste Turner weiter über Bologna bis nach Rimini. Dort angelangt, folgte er der Küste bis Ancona, um dann quer durchs Landesinnere über Foligno und Narni den restlichen Weg bis nach Rom zurückzulegen. Unterwegs fand er sich endlich in einer Landschaft, die er von den Bildern Richard Wilsons und Claude Lorrains kannte. Notizen wie »Loretto to Recanata. color of the Hill Wilson Claude« oder »The first bit of Claude«, die er seinen Skizzen beifügte, bestätigen dies und zeigen, wie sehr seine Wahrnehmung von den Werken der beiden Künstler geprägt war. Er erreichte Rom Ende September oder Anfang Oktober, um dort bis Mitte Dezember zu bleiben. Außer Sir Thomas Lawrence hielten sich andere britische Künstler in der Stadt auf, darunter zwei weitere Academy-Mitglieder, Sir Francis Chantrey und John Jackson, die

Rom: Der Petersdom, von der Villa Barberini aus gesehen, 1819

Rom: Das Forum mit einem Regenbogen, 1819

Tivoli, 1819

Turner gut kannte. Seine Teilnahme am gesellschaftlichen Leben seiner Landsleute war jedoch nicht sehr intensiv. Der Dichter Thomas Moore berichtet in seinem Tagebuch zwar von einem Besuch der Academia Veneziana gemeinsam mit dem berühmten Bildhauer Antonio Canova sowie Lawrence, Chantrey, Jackson und Turner, doch scheinen solche Unternehmungen selten gewesen zu sein: Chantrey jedenfalls beschwerte sich gegenüber Farington über Turners verschlossene, wenig kommunikative Art, von der auch in anderen Zusammenhängen immer wieder die Rede ist.

Die Skizzenbücher, die Turner in Rom benutzte, belegen in ihrer Fülle an Studien von Gebäuden, Denkmälern, Altertümern und Werken anderer Künstler nicht nur seinen immensen Arbeitseifer, der ihm wenig Zeit für Unterhaltungen ließ, sondern auch seine weitgefächerten Interessen. Ähnlich wie 1802 in Paris, studierte er intensiv die Kunstschätze, die vor allem der Vatikan zu bieten hatte. Den antiken Bauten wie dem Kolosseum, dem Forum Romanum oder dem Pantheon widmete er seine Aufmerksamkeit ebenso wie den Bauwerken jüngerer Zeit wie zum Beispiel dem Petersdom sowohl in detaillierten Architekturstudien oder aus der Ferne gesehen. Während Turners Skizzen der berühmten Gebäude häufig den Einfluß von Giovanni Battista Piranesis *Vedute di Roma* (1748–1778) zeigen, gewann er in seinen Stadtansichten wie *Rom: Der Petersdom, von der Villa Barberini aus gesehen*, den schon hunderte Male dargestellten Motiven neuen Reiz ab. Von einem Hügel aus, der sich links, mit antiken Relikten

Neapel, von Schloß Capodimonte aus gesehen, 1819

und Figuren besetzt, erhebt, blickt der Betrachter auf den gewaltigen Komplex des Petersdoms und des Vatikans.

Wie das Blatt zeigt, war Turner in Rom nun auch wieder dazu übergegangen, farbige Skizzen anzulegen und zwar in der üblichen Art mit Bleistift, Wasser- und Deckfarbe auf grau grundiertem Papier, jedoch nicht im Freien, sondern abends in seiner Unterkunft – eine Arbeitsweise, die von seinem großen Vorstellungsvermögen und immenser Erinnerungskraft zeugt. Einem Bekannten gegenüber äußerte er in Rom, »es würde zu viel Zeit kosten, im Freien zu kolorieren« – er könne 15 oder 16 Bleistiftskizzen statt einer Farbskizze machen.[30] Während die beschriebene Arbeit auf wunderbare Weise die spätmittägliche, südliche Sonnenglut einfängt, die über der Stadt liegt und die Konturen der Gebäude diffus verschwimmen läßt, ist dem Blatt *Rom: Das Forum mit einem Regenbogen* eine ernstere Stimmung zu eigen, die der Bedeutung des Ortes Rechnung trägt. Das Forum galt zur Zeit Turners als Symbol und Zeugnis für den Niedergang des römischen Weltreiches. Einst Zentrum der Macht, erinnerte es mit seinen Ruinen an die vergangene Größe. Über dem nun in eine christliche Kirche verwandelten Tempel des Antoninus Pius wölbt sich am düsteren Himmel ein Regenbogen, der als formales Mittel die Idee von der Endlichkeit politischer wie religiöser Herrschaftsstrukturen zu betonen scheint.

Von Rom aus unternahm Turner etliche Ausflüge in die nähere Umgebung. Nun endlich konnte er einen Ort besuchen, den er bereits 1817 in der erwähnten Idealansicht dargestellt hatte: das östlich von Rom in den Bergen gelegene Tivoli, eine der berühmtesten Attraktionen Italiens. Die hoch über steiler Felsenschlucht aufragenden Gebäude sowie die herabstürzenden Kaskaden vereinigten die Vorzüge sublimer Landschaft mit der pittoresken Schönheit klassischer Baukunst. Turner, der hier ein Skizzenbuch füllte und zwei farbige Studien anfertigte, war davon begeistert. Hakewills Rat folgend, besuchte er überdies Neapel, das er in einer farbigen Skizze festhielt. Wie in Tivoli und zuvor schon in Venedig verzichtete er auf graue Grundierung und Deckfarbe, so daß Himmel, Wasser und Küste in transparenter, lichterfüllter Brillanz vor dem Betrachter liegen. Links im Hintergrund sieht man den Vesuv, dem eine leichte Rauchwolke entsteigt. Turner, der 1817/18 in zwei Aquarellen den Vulkan in Aktion dargestellt hatte, mag gehofft haben, nun persönlich einen Ausbruch miterleben zu können, zumal der Vulkan gerade zwischen 1817 und 1819 häufiger am Brodeln war. Doch leider verpaßte er die Haupteruption, die im späten November stattfand, als er schon wieder in Rom weilte.

Für die Heimreise wählte Turner die Route über Florenz. Gerühmt für den schönen Anblick aus der Ferne, bevorzugte auch Turner die Darstellung des Stadtpanoramas aus der Distanz. Farbige Skizzen bzw. ausgeführte Aquarelle widmete er der Stadt nicht. Erst als er um 1827 für Samuel Rogers' Gedicht ›Italy‹ 25 Aquarellvignetten malte, war darunter auch

Florenz, von San Miniato aus gesehen, um 1827

Rom, vom Vatikan aus gesehen. Raffael, begleitet von La Fornarina, bereitet seine Bilder für die Ausschmückung der Loggia vor, R.A. 1820

eine Ansicht von Florenz. Das 1830 veröffentlichte Buch hatte einen derartig großen Erfolg, daß Rogers Turner mit der Illustration seiner gesammelten Gedichte beauftragte.

Nicht nur für Rogers' ›Italy‹ konnte Turner seine auf der Reise gesammelten Materialien nutzen, auch ein anderes Projekt, das ihn um 1827 beschäftigte, befaßte sich mit Italien. Der Verleger Charles Heath, für den Turner seit 1825 auch an den *Malerischen Ansichten von England und Wales* arbeitete, seinem umfangreichsten Projekt auf diesem Gebiet, hatte eine Publikation mit dem Titel ›Malerische Ansichten von Italien‹ geplant. Turner schuf hierfür drei Aquarelle, darunter eine Ansicht von Florenz, doch das für 1830 angekündigte Buch ist wegen finanzieller Schwierigkeiten des Verlegers nie erschienen.

Zurück ins Jahr 1819: Turner verbrachte Weihnachten und den Jahreswechsel in Florenz, bevor er über Bologna, Mailand und Turin den Heimweg antrat. Am Mont Cenis ereignete sich dann jener Zwischenfall, der bereits geschildert wurde.

Nach seiner Rückkehr malte Turner bis 1821 sieben Aquarelle mit italienischen Motiven nach vor Ort entstandenen Studien: Vier Ansichten waren Rom, zwei Venedig und eine der Bucht von Neapel gewidmet, während ein achtes Blatt, das durch seine erzählerische Dramatik vollkommen aus der Reihe fällt, den erwähnten Schneesturm bei der Alpenüberquerung zeigt. Deutlich sind hier die Alpen als hinderliche, gefährliche Barriere auf dem Weg in das Land der Sehnsucht geschildert. Wie bei den vorangegangenen Reisen war der Käufer dieser acht Aquarelle Walter Fawkes, der nun mittlerweile ein fast 80 Werke – die englischen Themen nicht gezählt – umfassendes Konvolut an Turnerschen Reisebildern besaß.

Diese Arbeiten, doch noch viel mehr die Skizzenbuchblätter zeigen, daß das Erlebnis Italien, das Licht, die Farbe und das mediterrane Klima des Landes Turner tief beeindruckt hatten. Fand er in der Schweiz mit ihrer wilden Natur das Ideal der sublimen Landschaft verkörpert und seinen Hang zur Dramatik befriedigt, so war Italien das Land, in dem er auf die Wurzeln der klassischen Landschaftsmalerei eines Claude Lorrain stieß. Gleichzeitig eröffneten ihm das besondere Licht und die Farbigkeit der italienischen Szenerie neue Perspektiven und Möglichkeiten. Rom verkörperte für ihn das Zentrum der europäischen Kulturtradition, und dies brachte er in einem monumentalen Ölbild zum Ausdruck, das er nach seiner Rückkehr in nur zwei Monaten malte, um es im Frühjahr in der Royal Academy auszustellen. In diesem Bild, das auf zahlreichen vor Ort gemachten Skizzen basiert, stellte er Geschichte, Kunst und Architektur Roms als Wiege europäischer Kultur dar. Das Gemälde zeigt Raffael in der Loggia des Vatikan, sinnend seine Arbeit betrachtend. Er ist umgeben von Werken, die sein universales Denken unterstreichen, und in Gesellschaft von La Fornarina, die gleichzeitig seine Geliebte und sein Modell war. Im Mittelgrund ist der Petersplatz mit den Kolonnaden Berninis zu sehen, die zu Raffaels Zeit allerdings noch nicht erbaut waren. Im Hintergrund verschwimmen im goldenen Licht, das die gesamte Komposition prägt, die Hügel des Apennin. Nicht nur wegen des architektonischen Anachronismus, sondern auch wegen der unbefriedigenden, verwirrenden Lösung der perspektivischen Darstellung wurde das Bild von den Zeitgenossen kritisiert. Turners Intentionen gehen jedoch weit über die exakte Beschreibung der Topographie und die getreue Schilderung einer historischen Szene hinaus. Das Bild ist vielmehr eine erfindungsreiche, vielleicht etwas überfrachtete Huldigung an Rom als ›caput mundi‹. Die gleichzeitige Hommage an Raffael besaß darüber hinaus eine besondere Aktualität: 1820 jährte sich der Todestag des Künstlers zum 300. Mal.

Ein weiteres Italien-Sujet, das er 1823 in der Royal Academy ausstellte, verbindet in einer »historischen« Landschaft die Historienmalerei als Schilderung bedeutender Ereignisse aus Geschichte, Gegenwart, Literatur

Die Bucht von Baiae, mit Apollo und der Sibylle, R.A. 1823

und Mythologie mit der reinen Landschaftsmalerei. *Die Bucht von Baiae, mit Apollo und der Sibylle* zeigt eine Küstenlandschaft im Stil Lorrains, die vor der Natur beobachtete Elemente mit imaginären verbindet. Im Vordergrund erscheinen die beiden Protagonisten jener klassisch-mythologischen Szene: Apollo, der der Sibylle so viele Lebensjahre verspricht, wie sie Sandkörner in der Hand fassen kann. Ohne ewige Jugend gefordert zu haben, verfällt sie allmählich, bis nichts mehr bleibt als ihre Stimme. Während die Sibylle noch in ihrer jugendlichen Schönheit dargestellt ist, verweisen die ruinösen Gebäude im Mittelgrund auf die Endlichkeit allen Seins.

Rivers of Europe: Reisen zwischen 1821 und 1832

»Hier ist Turner in seinem Element – er wühlt in Schönheit und Energie …«

In den Jahren 1821, 1826, 1828, 1829 und 1832 bereiste Turner Frankreich. Die Häufigkeit und Systematik, mit der er diese Reisen durchführte, legt nahe, daß er ein konkretes Projekt vor Augen hatte.[31] Ähnlich wie die Schweiz und das Rheinland stellte auch Frankreich lange Zeit für die Engländer lediglich einen Korridor nach Italien dar, bis man dem Land nach den Napoleonischen Kriegen größeres Interesse entgegenbrachte. Paris hatte bereits Anfang des Jahrhunderts eine Art Sogwirkung auf Künstler ausgeübt. Im Laufe des Jahrhunderts lief die Seine-Metropole schließlich sogar Rom den Rang ab und wurde zum Hauptanziehungspunkt des 19. Jahrhunderts. Im Zuge der Gotikbegeisterung begann man auch der Architektur Frankreichs Aufmerksamkeit zu schenken. Besonderes Interesse galt der Normandie aufgrund ihrer durch Richard Löwenherz geprägten Beziehungen zu England. Der Engländer John Sell Cotman (1782–1842) wußte die Neugier seiner Landsleute auf ihr normannisches Erbe auszunutzen und verarbeitete das auf drei Reisen 1817, 1818 und 1820 gesammelte Material in seinem 97 Radierungen umfassenden Werk ›Architectural Antiquities of Normandy‹, das 1822 in London veröffentlicht wurde.[32]

Turner durchquerte 1821 die Normandie und stieß bis zur Île de France vor, indem er dem Verlauf der Seine von der Küste bis nach Paris folgte. Er machte Halt in Rouen, der Stadt, die sich zu einem beliebten Anlaufpunkt britischer Touristen entwickelte. Wegen seiner günstigen Lage von den Briten als »französisches Manchester« bezeichnet, waren es allerdings viel mehr die Fülle an malerischer mittelalterlicher Architektur sowie die hiesigen Trachten, die die Besucher faszinierten. Turner hielt in seinem breitformatigen Skizzenbuch u.a. die Ansicht der Stadt vom Fluß mit dem Blick auf die gotische Kathedrale fest. Sein besonderes Augenmerk auf dieser Reise galt der Seine. Es ist nicht unwahrscheinlich, daß er bereits zu diesem Zeitpunkt an ein großes, ehrgeiziges Projekt dachte, das aber nur zum Teil verwirklicht werden sollte: 1833 kündigte der Verleger Charles Heath eine neue Veröffentlichung mit dem Titel ›Große Flüsse Europas‹ an. Der erste Teil erschien als *Turner's Annual Tour – Wanderings by the Loire* noch

*Rouen, vom Südufer der Seine aus gesehen,
Dieppe-, Rouen- und Paris-Skizzenbuch, 1821*

im selben Jahr mit 21 Stichen nach Zeichnungen von Turner. 1834 und 1835 folgten zwei weitere Bände, *Turner's Annual Tour – The Seine* mit je 20 Stichen. Alle drei Bände waren begleitet von Texten des Journalisten Leitch Ritchie.[33] In Format und Aufmachung entsprachen sie dem Typ der gerade in Mode gekommenen ›Annuals‹, also Jahrbuch-Anthologien, die jeweils im vorausgehenden Herbst für das folgende Jahr herausgegeben wurden und so das Weihnachtsgeschäft nutzten. Als die von Turner illustrierten Bände erschienen, hatte sich Heath finanziell schon derart übernommen, daß keine Fortsetzung zustande kam. Orientiert hatte sich das Vorhaben an der von dem Verleger William Bernard Cooke initiierten Publikation ›Die Flüsse Englands‹, für die Turner seit 1822 Aquarelle malte. Zwischen 1823 und 1827 erschienen 21 Blätter, sechzehn davon nach Turner, dann wurde jedoch auch dieses Projekt eingestellt. Ähnlich ging es der ergänzenden Publikation ›Die Häfen Englands‹. Die Verleger reagierten mit diesen Veröffentlichungen auf das wachsende Interesse eines reisefreudigen Publikums, doch war der Markt bald übersättigt.

Die Frankreichreise des Jahres 1821 wertete Turner nicht in Form von Aquarellen oder Ölbildern aus. Sein nächster Aufenthalt in Frankreich datiert 1826. Turner reiste zunächst an der normannischen und bretonischen Küste entlang, um Material für ein Projekt zu sammeln, das, 1827 angekündigt als ›The English Channel or La Manche‹, jedoch nie realisiert wurde. Er folgte dann der Loire von Nantes bis nach Orléans. Zu diesem Zeitpunkt dürfte der Plan einer Stichserie zu den Flüssen Frankreichs schon konkrete Formen angenommen haben. Die unterwegs gesammelten Notizen und Skizzen dienten ihm später als Ausgangsmaterial für die Loire-Folge.

1828 durchquerte er auf dem Weg nach Italien Frankreich. In Paris angekommen, war er sich, wie aus einem Brief an seinen Freund Eastlake hervorgeht, noch unschlüssig, welchen Weg er nach Rom wählen sollte: über

Der Leuchtturm von Marseille, vom Meer aus gesehen, um 1828

Szene an der Loire, nahe der Malvenhügel, 1826–30

Amboise, 1826–30

Turin nach Genua oder über Antibes. Er gab schließlich der unbekannten Route, die ihn über Paris nach Orléans und von Lyon entlang der Rhône bis nach Avignon und Marseille führte, den Vorzug. In Rom angelangt, begründete er seinen Entschluß in einem Brief an George Jones: »Ich mußte den Süden Frankreichs sehen, der mich fast kaputtmachte, die Hitze war so stark, besonders in Nismes [sic] und Avignon; und bis ich in Marseilles

William Miller nach *J.M.W. Turner*,
Rouen, vom Hügel Sainte-Catherine aus gesehen

Paris: Marché aux Fleurs und Pont au Change, um 1832

[sic] ins Meer eintauchen konnte, fühlte ich mich so schwach, daß nichts als der Szenenwechsel mich vorwärtstrieb zu meinem fernen Ziel.«[34] Möglicherweise hatte auch die Idee, der Rhône eine Folge innerhalb des Flüsse-Projektes zu widmen, diesen Entschluß veranlaßt.

Im Jahr 1829 studierte Turner erneut den Verlauf der Seine zwischen Honfleur und Paris. Auf dem Rückweg streifte er die normannische Küste bis nach St. Malo und setzte nach Guernsey über.

Einen Großteil des Materials für die Seine-Folge sammelte er schließlich auf seiner Reise im Jahr 1832, die ihn wieder den Fluß hinauf bis Paris führte. Anlaß für diese Tour hatte im übrigen auch ein Auftrag ganz anderer Art gegeben: Turner sollte Illustrationen für Walter Scotts ›Life of Napoleon‹ liefern.

Die Datierung der 61 Aquarelle, die Turner als Stichvorlagen für die beiden Fluß-Serien schuf, sowie die anderer in diesem Zusammenhang ge-

Ansicht der Seine zwischen Mantes und Vernon, um 1832

malter Arbeiten ist nicht sicher belegt. Die der Loire gewidmeten Arbeiten dürften zwischen 1826 und 1830 entstanden sein, während die Seine-Reihe wohl in unmittelbarem Zusammenhang mit der Reise im Jahr 1832 anzusiedeln ist. Alle Arbeiten sind ungefähr 14 x 19 cm groß und auf blauem Papier gemalt. Dies ist eine Neuerung, mit der Turner wunderbar auf das zu behandelnde Thema reagierte und die er bei der Mosel-Serie noch zu steigern wußte. Der blaue Grund ermöglichte ihm äußerste Sparsamkeit in der Darstellung von Wasser und Himmel, vergleichbar mit der Technik der Ölmalerei auf dunklem Grund, verlangte er jedoch den Einsatz eines opaken Mediums wie Deckfarbe. Strukturen und Details fügte er mit der Feder hinzu, wodurch reizvolle Kontraste zwischen graphischen und malerischen Effekten entstanden. Turners freier Umgang mit Wasser- und Deckfarbe stellte eine große Herausforderung an die Stecher dar. Details waren nur vage angegeben und wurden wohl mit Turners Hilfe während der Arbeit an den Stahlplatten präzisiert. Auch die subtilen Licht- und Wetterverhältnisse, die den Aquarellen einen großen Reiz verleihen, waren schwer umzusetzen.

Die Loire-Serie zeigt neben Stadtansichten von Nantes, Orléans und Tours zwei reine Flußszenen – ungewöhnlich für eine topographische Folge, und so nutzte Ritchie die Gelegenheit, statt ortsbezogene Informationen zu liefern, auf Turners künstlerische Leistung einzugehen: »Hier ist Turner in seinem Element – er wühlt in Schönheit und Energie; und wenn denjenigen, die in ihrer Seele und ihrer Phantasie erkaltet sind, seine Bilder in mathematischer Genauigkeit fehlerhaft erscheinen mögen, werden sie doch von allen, die fähig sind, das Geniale zu spüren, und die in der Natur mehr sehen als ihre äußeren und berührbaren Formen in einem einzigen flüchtigen Blick mit dem Vorbild identifiziert.«[35] Ritchie erteilte damit den sturen Vertretern einer exakten topographischen Schilderung eine deutliche Absage und würdigte Turners innovative Leistung im Genre des Reisebildes: Nicht die topographischen, sondern die imaginativen Qualitäten stehen im Vordergrund. Während ein Blatt wie *Szene an der Loire* ganz dem Spiel des Lichts auf der Flußlandschaft huldigt, zeigt Turner in anderen Arbeiten die berühmten Schlösser wie beispielsweise Amboise, die den Fluß säumen: Ebenso wie die Burgen am Rhein werden sie hier als wichtiger Bestandteil der »picturesque view« in Szene gesetzt. Wie schon bei der Rhein-Serie wählt Turner auch in der Loire-Serie häufig einen Standort in der Mitte des Flusses. Die Sehenswürdigkeiten scheinen an dem Betrachter, der sich auf ein fahrendes Schiff versetzt fühlt, vorbeizugleiten. Dieser Eindruck wird verstärkt durch Turners Malweise, die das ehemals statische Reisebild »dynamisiert«: Der Betrachter wird ins Bild einbezogen und die Fortbewegung des Reisenden als kontinuierlicher Prozeß visualisiert. Die Reise selbst wird zum Thema des Landschaftsbildes.[36]

Zwischen Quilleboeuf und Villequier, um 1832

Das Interesse, das Turner in anderen Blättern den Gebäuden entgegenbringt, zeugt von seiner Schulung als Architekturzeichner, während seine Schilderung des täglichen Lebens am Fluß und in der Stadt sein stetes Bemühen um die Einbindung des Menschen in seine Umgebung spiegelt.

Die 40 Arbeiten für die Seine-Serie präsentieren eine vielfältige Palette an kompositionellen Lösungen und Stimmungen, was nicht nur mit Turners ausgeprägter Kenntnis dieses Flusses, sondern auch mit dessen Bedeutung als wichtigem Verkehrsweg und landschaftlich reizvollem Strom zusammenhängt. Im Gegensatz zur Loire-Folge wählt Turner nun häufig auch panoramaartige Blicke von den Hügeln herab auf die weite Flußlandschaft wie beispielsweise in der Ansicht *Rouen, vom Hügel Sainte-Catherine aus gesehen*, die später von William Miller nach Turners Vorlage gestochen wurde. Rouen, auch von den Briten John Sell Cotman, Richard Parkes Bonington, Thomas Shotter Boys und David Cox mehrfach dargestellt, widmete Turner vier Blätter, während der Seine-Metropole Paris mit fünf Ansichten der wichtigste Platz innerhalb der Reihe zukommt. Eine heitere Feiertagsstimmung, die wunderbar Turners Lust am Reisen und Unterwegssein spiegelt, strahlt das Blatt *Ansicht der Seine zwischen Mantes und Vernon* aus. Direkt an dem von Bäumen gesäumten Ufer verläuft eine Straße, flankiert von sonnenbeschienenen Häusern. Eine Kutsche kommt dem Betrachter entgegen, während links im Vordergrund eine gedeckte Tafel zum Feiern einlädt. Auch hier wird, ähnlich wie bei den Flußszenen der Loire, die Landschaft aus der Perspektive des Reisenden dargestellt. »Das statische Bild einer dem Betrachter unverrückbar gegenübergestellten Ansicht ... ist aufgegeben zugunsten der den Reiseprozeß suggerierenden Bewegung.«[37] In diesem Sinne ist auch ein Blatt wie *Zwischen Quilleboeuf und Villequier* zu verstehen. Hier ist der Flußverlauf, den Turner als belebten, wirtschaftlich bedeutsamen Verkehrsweg charakterisiert, *zwischen* zwei Ortschaften dargestellt. Im Zentrum erscheint als Symbol des modernen Lebens ein Dampfschiff, kontrastiert mit Segelschiffen als Vertreter der alten Zeit.

Aus Turners Frankreich-Reisen resultierten neben den Arbeiten auf Papier auch einige wenige Ölbilder. 1829 hatte er in der Royal Academy ein heute verschollenes Bild ausgestellt, das den Titel *Die Ufer der Loire* trug. Im Jahr darauf zeigte er dort *Calais-Sandstrand, Ebbe, ›poissards‹ sammeln Köder*, das auf eine 1826 skizzierte Studie zurückgeht. Die weite ruhige Landschaft mit den arbeitenden Frauen ist den französischen Küstenszenen Boningtons verpflichtet und stellt einen kaum größer zu denkenden

Seine-Mündung, Quilleboeuf, R.A. 1833

Kontrast zu der 26 Jahre früher entstandenen *Mole in Calais* dar. 1833 schließlich präsentierte Turner in der Academy das Ölbild *Seine-Mündung, Quilleboeuf*, das auf einem Aquarell für die Seine-Serie beruht. Turner veränderte die Komposition jedoch farblich und formal, um den dramatischen Effekt zu erhöhen. Im Katalog zur Ausstellung gab er folgenden Kommentar: »Diese Flußmündung ist ihres Treibsands wegen so gefährlich, daß jedes auslaufende Schiff in Gefahr schwebt, von der steigenden Flut, die mit einer einzigen Welle einsetzt, überrollt zu werden und zu stranden.«[38] Die Gefahr wird hier nicht nur durch die gischtsprühenden Wellen, sondern auch durch die Farbigkeit des trügerischen Wassers angezeigt, die von

Skizzen der Maas zwischen Moselkern und Starkenburg, 1824

dunklem Grauschwarz bis zu leuchtendem Orangerot reicht. Einen sinnfälligen, symbolischen Verweis auf die lauernde Bedrohung gibt Turner außerdem durch die Verbindung von Leuchtturm und Friedhof im Hintergrund. War die kleinformatige Arbeit aus der Serie eine rein topographische Darstellung, so verleiht Turner dem Motiv hier die Bedeutung eines allgemeingültigen Symbols.

Turners Beschäftigung mit französischen Sujets war damit noch nicht abgeschlossen. Zwei Reisen an die Maas, auf die noch eingegangen wird, ließen ihn 1824 und 1839 eine neue Region des Landes entdecken. Auf seinen späten Reisen in die Schweiz durchquerte er Frankreich noch einige Male, doch resultierten daraus keine bedeutsamen Werke. Eine letzte kurze Reise auf den Kontinent führte Turner schließlich 1845 nach Dieppe und an die Küste der Picardie.

Turners Erforschung zweier weiterer Flußlandschaften ist ebenfalls im Zusammenhang mit seinem Projekt der *Flüsse Europas* zu sehen. 1824 unternahm er eine Reise, die ihn nicht nur nach Frankreich an die Maas, sondern auch zum zweiten Mal nach Deutschland führte, wo er die Mosel erkundete. Im Jahr zuvor war der erste Teil der Serie *Die Flüsse Englands* auf den Markt gekommen, und der Gedanke einer Fortsetzung mit anderen Flüssen wird diese Reise angeregt haben. Die Aktualität der Idee sah er sicherlich in Publikationen wie William Wordsworths 1822 erschienenen

*Die Mosel zwischen Ehrang und Kirsch,
Maas- und Mosel-Skizzenbuch, 1824*

›Memorials of a Tour on the Continent, 1820‹, in der der Abschnitt der Maas zwischen Lüttich und Namur beschrieben wird, oder Robert Battys ›Scenery of the Rhine, Belgium and Holland‹ bestätigt, die zugleich seine Neugier auf ihm unbekanntes Terrain weckten. Wichtige Informationen zur Mosel konnte er schließlich Alois Schreibers Reiseführer ›The Traveller's Guide down the Rhine‹ entnehmen, der 1818 in einer englischen Ausgabe erschienen war.

Lange Zeit wurde die Reise auf das Jahr 1826 datiert, doch konnte dieser Irrtum anhand von Turners eigenen Notizen in seinen Skizzenbüchern korrigiert werden.[39] Turner benutzte vier Skizzenbücher, in denen er neben zahllosen Landschaftsstudien auch die Reisestrecke und seinen Zeitplan festhielt.

Am 10. August verließ er London und reiste von Calais über Brüssel weiter bis Lüttich. Von dort folgte er in von Pferden getreidelten Booten flußaufwärts dem Verlauf der Maas bis nach Verdun. Unterwegs beeindruckten ihn vor allem Städte wie Huy, Namur und Dinant, die von großen Festungen beherrscht wurden. Von Verdun wandte er sich per Kutsche nach Osten zum französischen Teil der Mosel, an der er von Metz bis Thionville entlangreiste. Ein Abstecher führte ihn nach Luxemburg, bevor er in Trier wieder an die Mosel gelangte. Hier beginnt ihr bekanntester Abschnitt, bis sie schließlich bei Koblenz in den Rhein mündet. Wenn auch zunächst dem Rhein von den englischen Reisenden weitaus größere

Aufmerksamkeit geschenkt wurde, so setzte doch in den 20er Jahren auch allmählich die Begeisterung für die Mosel ein, allerdings erschwert durch die schlechten Verkehrsverhältnisse, die erst in den 30er Jahren verbessert wurden.[40] Den ästhetischen Theorien jener Zeit entsprechend, fand man in der Rheinlandschaft mit ihren steilen Felsen und dunklen Ruinen das Erhabene verkörpert, während man an der Mosel eher den pittoresken Reiz der sanften, rebenbedeckten Hügel schätzte, an die sich Burgen und zahllose Dörfer mit ihren Kirchen schmiegten. Die Schriftstellerin Fanny Burney hatte die Gegend bereits 1815 bereist und die Unterschiede beider Landschaften beschrieben: Dem Rhein sei der »strahlende Glanz historischer Symbolik eigen«, die Mosel dagegen bezaubere durch ihren »ursprünglichen, unverfälschten und malerischen Reiz«[41], und Baedeker stellte 1839 fest: »Der Rhein ist großartiger, die Mosel romantischer«.[42]

Auch Turner erlag dem Zauber der Landschaft, und in Trier angelangt, begann er sogar in Farbe zu arbeiten. Erstmals hatte er sogenannte Rollenskizzenbücher mitgebracht, die einen weichen Ledereinband hatten, so daß man sie zusammenrollen und leicht in der Rocktasche transportieren konnte. Mit Wasser- und Deckfarbe hielt er auf dem grau lavierten Papier verschiedene Flußansichten fest. Turner legte die Strecke bis Koblenz im Boot zurück. In Anbetracht seines knappen Zeitplanes hatte er kaum Gelegenheit, die Dörfer und Hügel näher zu erkunden. So hielt er vom Fluß aus den Verlauf in panoramaartigen kleinen Skizzen fest, trug die Namen der Dörfer ein und notierte bisweilen zur Orientierung Kompaßpeilungen. Mit Vergnügen wird er dann nach einem zweitägigen Aufenthalt in Koblenz die Strecke bis Köln zurückgelegt haben. Hier verließ er die Flußlandschaften und kehrte über Belgien an die französische Küste zurück, wo er der Hafenstadt Dieppe, die er bereits 1821 besucht hatte, einen Abstecher widmete. Mitte September traf er nach fünfwöchiger Reise wieder in London ein.

Turner widmete den beiden Flüssen nach seiner Rückkehr keine Aquarelle oder Ölbilder. Er konzentrierte sich im Rahmen des Flüsse-Projektes in den nächsten Jahren auf die Loire und die Seine und kehrte erst 1839 wieder an Maas und Mosel zurück. Als eigentliches Resultat der ersten Reise kann ein Ölbild mit einem französischen Sujet gelten, das Turner möglicherweise vor seiner Abreise von dem Sammler John Broadhurst in Auftrag gegeben worden war und das er 1825 in der Royal Academy ausstellte. Es zeigt eine *Ansicht des Hafens von Dieppe* und beruht auf Skizzen,

Ansicht des Hafens von Dieppe, R.A. 1825

die er bei seinem Besuch dort gemacht hatte. Wichtiger als die Stadttopographie mit Kuppel und Turm von St. Jacques im Hintergrund ist Turner der Hafen mit seinen Schiffen und dem geschäftigen Treiben, eine Szenerie, die sein eigenes Erleben auf den verschiedenen Flüssen reflektiert.

Ende August 1825 brach Turner zu einer Reise in die Niederlande auf, seiner zweiten nach 1817.[43] Er fuhr von Dover nach Rotterdam, von da aus – wie bereits 1817 – weiter nach Amsterdam und über Utrecht und Maastricht

Köln, die Ankunft eines Paketbootes, Abend, R.A. 1826

bis Köln, wo er sorgfältige Skizzen anfertigte. Von dort reiste er auf vertrauter Wegstrecke über Aachen, Lüttich, Antwerpen, Gent und Brügge bis nach Ostende und kehrte über Dover zurück. Wie es seine Gewohnheit war, hielt er auch diese bekannten Orte wieder in seinen Skizzenbüchern fest, um sich keinerlei Veränderung entgehen zu lassen und seine Materialsammlung mit weiteren Details zu komplettieren. Vermutlich hatte Broadhurst ein Pendant zu *Dieppe* bestellt und damit die Reise veranlaßt.[44] Turners Route und sein intensives Studium von Rotterdam und Amsterdam legen nahe, daß er auf der Suche nach einem holländischen Motiv war. Doch nach seiner Rückkehr malte er ein Bild, das das Rheinufer in Köln zeigt und auf seinen jüngsten Skizzen beruhte: *Köln, die Ankunft eines Paketbootes, Abend*, 1826 in der Royal Academy ausgestellt und tatsächlich von Broadhurst erworben. Wie schon bei dem aus der ersten Hollandreise resultierenden *Dordrecht* und auch bei *Dieppe* ist das Hauptaugenmerk des reisenden Künstlers auf das Geschehen bei und auf den Booten gerichtet. Turner verzichtet auf die Darstellung des berühmten Doms und zeigt das Ufer mit dem aus dem 16. Jahrhundert stammenden Bollwerk und der Kirche Groß St. Martin. Während in *Dieppe* die Sonne hoch am Himmel steht, ist sie in *Köln* am Untergehen, ein violett-goldener Farbschleier liegt über der Szene. In der für ihn typischen Art verbindet Turner hier Elemente der holländischen Marinemalerei, mit deren Vertretern er sich stets gerne maß und die er auf der Reise studiert hatte, mit dem Anspruch der klassischen Landschaftsmalerei nach dem Vorbild Lorrains, bereichert durch den topographischen Aspekt und schließlich übersteigert durch die visionäre, brillante Wirkung von Licht und Farbe.

Erst 1827 sollte Turner zwei Bilder mit holländischen Themen malen und in der Royal Academy ausstellen: *Rembrandts Tochter* und *Port Ruysdael*, beides Huldigungen an die beiden von ihm geschätzten Meister. Bis zu dem 1844 entstandenen Ölbild *Ostende* folgten noch etliche Gemälde, die sich entweder stilistisch an den holländischen Malern des 17. Jahrhunderts orientierten oder Geschichte und Topographie des Landes gewidmet waren.[45]

Die Italien-Reisen von 1828 und 1833: Rom und Venedig

»Fast zwei Monate, um diese Terra Pictura zu erreichen, und an der Arbeit.«

Im Jahr 1828 war Turner mit der Arbeit an Rogers' ›Italy‹ und an Stichvorlagen für die von Charles Heath geplante, aber nie realisierte Reihe ›Malerische Ansichten von Italien‹ beschäftigt, und nichts ist naheliegender als sein Entschluß, erneut nach Italien aufzubrechen. Diese Reise sollte sich von der ersten gänzlich unterscheiden.[46] Während er 1819 innerhalb von sechs Monaten 23 Skizzenbücher mit unzähligen Studien gefüllt hatte, benutzte er auf seiner zweiten Reise im gleichen Zeitraum lediglich zehn Skizzenbücher, von denen er acht unterwegs in Gebrauch hatte. Natürlich hielt er die bekannten und neuen Orte in mehr oder weniger sorgfältigen Skizzen fest, doch Turners eigentliches Interesse galt Rom, wo er bei seinem Freund Charles Eastlake an der Piazza Mignanelli ein Atelier beziehen wollte, um Ölbilder zu malen.

Der erste Teil von Turners Reiseroute ist bereits beschrieben worden. Der Wunsch, den Süden Frankreichs zu sehen, mag sicher auch in dessen römischer Vergangenheit begründet liegen, die in zahlreichen Monumenten noch gegenwärtig war und in deren Studium Turner eine angemessene Vorbereitung für seinen Romaufenthalt sah. Von Frankreich reiste er die Küste entlang nach Genua, eine Strecke, die erst seit den 20er Jahren mit der Kutsche befahrbar war. In dem bereits zitierten Brief vom 13. Oktober an Jones gab Turner sein Urteil über dieses Wegstück: »Genua und die ganze Meeresküste von Nizza bis Spezia ist außerordentlich zerklüftet und schön.«[47] Bis nach Livorno legte Turner den Weg im Boot zurück, um dann über Pisa und Florenz schließlich nach Rom zu gelangen, von wo aus er an Jones schrieb: »Fast zwei Monate, um diese Terra Pictura zu erreichen, und an der Arbeit.«[48]

Turner blieb fast drei Monate in Rom. Wie wir aus Briefen Eastlakes wissen, vollendete er während seines Aufenthaltes drei Bilder und begann mit der Arbeit an einigen größeren und kleineren Ölstudien. In einer Ausstellung, die mehr als 1000 Besucher anzog, präsentierte Turner dem neugierigen Publikum im Dezember die drei fertigen Arbeiten *Ansicht von Orvieto, in Rom gemalt*, *Regulus* und *Vision der Medea*. Eastlake berichtet von der Wirkung dieser Ausstellung: »Die ausländischen Künstler, die sie anschauen gingen, konnten nichts damit anfangen. Turners Sparsamkeit und Einfallsreichtum zeigten sich in der Art, wie er jene Bilder rahmte. Um die Ränder eines jeden nagelte er Schiffstaue, die er in Tempera mit gelbem Ocker bemalte ... Du kannst Dir also vorstellen, wie erstaunt, wütend oder entzückt die verschiedenen Künstlerschulen waren, als sie Dinge mit so neuen und gewagten Methoden und mit so unmißverständlichen Vorzügen sahen. Die zornigen Kritiker haben wohl am meisten darüber gesprochen ...«[49] Gerade bei den deutschen und österreichischen Künstlern, die eine detaillierte, glatte Malweise pflegten, stieß Turners

Ansicht von Orvieto, in Rom gemalt, 1828, R.A. 1830

Südliche Landschaft mit Aquädukt und Wasserfall, 1828

lichterfüllte, diffuse Malerei auf Unverständnis. Der Landschaftsmaler Joseph Anton Koch fällte unter dem Motto »Gesudelt ist nicht gemalt« wohl das härteste Urteil.[50]

Die *Ansicht von Orvieto*, die Turner später in England vor der Präsentation in der Royal Academy überarbeitete, zeigt im Vordergrund eine Genreszene: Zwei Frauen waschen in einem steinernen Sarkophag ihre Wäsche – ein Verweis auf den pragmatischen Umgang der Zeitgenossen mit den Überresten einer alten Kultur. Mit dem Titel ›Ansicht‹ (view) betont Turner den topographischen Charakter des Gemäldes, das auf einer knappen Skizze beruht, die seinen ersten Blick auf Orvieto festhält. Trotz zahlreicher Studien war es schließlich diese »prima vista«, die er in Öl umsetzte. An Lorrainsche Kompositionen erinnernd, aber auch an eine eigene Arbeit, die *Bucht von Baiae*, ist das Bild einfacher und klarer im Aufbau und beschwört den Zauber der südländischen Atmosphäre ohne mythologischen Ballast. Die Malweise ist sehr skizzenhaft und vermittelt den Eindruck, als sei das Bild vor Ort im Freien entstanden, dies entsprach aber nicht Turners Arbeitsweise. Seine römischen Ölskizzen wie beispielsweise *Südliche Landschaft mit Aquädukt und Wasserfall* sind im Atelier gemalte Kompositionsstudien, die Skizzen nach realer Topographie zu

Childe Harolds Pilgerfahrt – Italien, R.A. 1832

idealen, das Mediterrane feiernden Landschaften zusammenfügen. Turner kombinierte hier architektonische Elemente, die er in der Gegend um Nepi gesammelt hatte, mit einem Wasserfall, der an Tivoli erinnert.

Die beiden anderen in Rom ausgestellten Gemälde sind nicht der südlichen Landschaft, sondern historisch-mythologischen Themen mit dramatischem Gehalt gewidmet, womit der Künstler die Breite seines Repertoires vorzuführen beabsichtigte. Anfang Januar trat Turner die Heimreise an. Er folgte der bereits vertrauten Wegstrecke über Foligno, Ancona, Modena und Mailand und geriet in den Alpen dann in jene mißliche Situation, die bereits erwähnt wurde.

Eigentlich hatte er sich vorgenommen, im folgenden Jahr nach Rom zurückzukehren, deshalb waren einige unfertige Bilder bei Eastlake zurückgeblieben. Doch zu dieser Reise kam es nicht. Der Gesundheitszustand seines Vaters, der im September 1829 starb, verhinderte einen längeren Auslandsaufenthalt, und 1830 war eine Reise auf den Kontinent aufgrund der politischen Unruhen in Belgien und Frankreich nicht ratsam. Obwohl

Turner den Süden Italiens nicht mehr sehen sollte, widmete er ihm, gespeist aus dem Fundus seiner Skizzen und Erinnerungen, in den folgenden Jahren etliche mythologische und historische Szenen, die ihre Inspiration dem Italien-Erlebnis verdanken. Auch die Auseinandersetzung mit Lorrain hält in den 30er Jahren an, wie das 1832 ausgestellte Ölbild *Childe Harolds Pilgerfahrt – Italien* zeigt, das allerdings in Kolorit und Malweise weit über das Vorbild hinausgeht. Turner variiert hier das Lorrainsche Schema auf eine Weise, die sich bereits in den römischen Kompositionsstudien ankündigt: Aus unterschiedlichen Quellen seiner eigenen Beobachtungen schöpfend, fügt er eine ideale Landschaft zusammen.

Doch Italien war nicht nur das Land Lorrains, sondern auch das Byrons, der in Canto IV von ›Childe Harold's Pilgrimage‹ sein Italien-Bild in Worte gefaßt hatte. Turner setzte Byrons Botschaft gleichsam als Huldigung an den Dichter wie an das Land in seine eigene Sprache um und untermauerte sie bei der Präsentation in der Royal Academy mit den Versen des Dichters: »Italien, das noch schön seit dieser Zeit, du bist der Garten dieser Welt, der Dom, dem Reiz die Kunst wie die Natur verleiht. Was gleicht dir, selbst in der Verfallenheit? Dein Unkraut selbst ist schön! Die Wüstenein sind reicher hier als sonstwo Fruchtbarkeit, die Feste glorreich! Fleckenloser Schein hüllt noch mit ew'gem Reiz selbst deine Trümmer ein.«[51] Byron

Das moderne Rom – Campo Vaccino, R.A. 1839

Clarkson Stanfield (1793–1867),
Venedig von der Dogana aus, R.A. 1833

preist hier die Gleichzeitigkeit von Schönheit und Verfall des Landes, eine romantische Sichtweise, die auch Turner teilte. Die Gegenüberstellung von alter und moderner Zivilisation, von einstiger Größe und aktuellem Niedergang war ein Thema, das in den 20er und 30er Jahren in England auf breite Resonanz stieß und dem nicht zuletzt durch die kriegerischen Auseinandersetzungen und die Niederlage Napoleons eine besondere Aktualität zukam. Turner entwickelte in diesem Zusammenhang Bildideen, die die Vergangenheit und Gegenwart Italiens bzw. Roms paarweise einander gegenüberstellte. 1838 malte er *Das alte Italien – Ovid wird aus Rom verbannt* und *Das moderne Italien – die Pifferari*, im folgenden Jahr *Das alte Rom; Agrip-*

Canaletto (1697–1768), Venedig: Die Bacino di S. Marco an Himmelfahrt,
um 1732

*Seufzerbrücke, Palazzo Ducale und Dogana,
Venedig: Canaletto beim Malen, R.A. 1833*

pina landet mit der Asche des Germanicus. Die Triumphbrücke und der wiederhergestellte Palast der Cäsaren und *Das moderne Rom – Campo Vaccino*. Alles andere als eine Verherrlichung der vergangenen Zeiten, schildern sowohl *Das alte Italien* als auch *Das alte Rom* bereits den Niedergang des römischen Reiches: Ovids Verbannung spielt auf eine repressive, korrupte Gesellschaft an, während die modernen Pifferari für eine einfache, aber natürlichere und unverdorbenere Kultur stehen. Ähnliches gilt für das andere Paar: Germanicus starb unter mysteriösen Umständen, wohl vergiftet von seinem Onkel, dem Kaiser Tiberius. Das moderne Rom zeigt einen Blick auf die Stadt zu Turners Zeit, die sich in unvergänglicher Schönheit darbietet, auch wenn das ruinöse Forum, einst Zentrum der Macht, nun vereinnahmt von der Natur lediglich als Kuhweide dient. Der Zauber, der von dem Bild ausgeht, gründet im wesentlichen auf das diffuse, zarte Kolorit, das das gesamte Bild mit transparentem Schimmer überzieht.

Anfang der 30er Jahre befaßte sich Turner wieder intensiv mit Byron, 1833 finden wir ihn auf den Spuren des Dichters auf dem Weg nach Venedig.[52] Gerade seit Byrons Tod im Jahr 1824 hatte die Auseinanderset-

Gasthofszene in Linz an der Donau, 1833

*Zwei Ansichten von Innsbruck,
Wien bis Venedig-Skizzenbuch, 1833*

Venedig: Die Piazzetta und die Markuskirche, Nacht, um 1833–35

zung mit dessen Werk eine neue Dimension erfahren. Vor allem Canto IV, mit dem Byron Venedig zu einem »romantischen Markstein«[53] gemacht hatte, erfreute sich besonderer Beliebtheit. Dem aufkommenden Tourismus folgte eine Veränderung der städtischen Infrastruktur: Alte Paläste wurden in moderne Hotels verwandelt – Turner beispielsweise wohnte bei seinem zweiten Besuch im Hotel Europa, dem ehemaligen Palazzo Giustiniani. Sechs Theater unterhielten im Sommer allabendlich das Publikum. Gleichzeitig stieg die Nachfrage nach venezianischen Motiven, und Künstler wie Samuel Prout, der 1824 erstmals in Venedig weilte, oder Richard Parkes Bonington, der 1826 folgte, reagierten mit Aquarellen und Ölbildern darauf. Clarkson Stanfield zeigte 1833 in der Royal Academy sein Bild *Venedig von der Dogana aus*. Turner stellte noch vor seiner Reise ebenfalls ein venezianisches Motiv aus: *Seufzerbrücke, Palazzo Ducale und Dogana, Venedig: Canaletto beim Malen*. Ohne Zweifel kein Zufall, auch wenn das Gerücht, Turner habe das Bild in einer Art persönlichem Wettstreit mit Stanfield innerhalb von zwei bis drei Tagen gemalt, sicherlich eine Legende

Die Seufzerbrücke: Nacht, um 1833–35

ist. Immer wieder widmeten sich beide Künstler ähnlichen Themenkreisen. Turner hatte sich schon im Vorjahr mit einem venezianischen Motiv beschäftigt, als er für Rogers' ›Poems‹ ein Aquarell mit einer Ansicht der Rialto-Brücke im Mondlicht malte. Sowohl Stanfields als auch Turners Darstellung ist wesentlich von Canaletto (1697–1768) beeinflußt. Dessen topographische Vedutenmalerei war gerade in England, wo sich der Künstler eine Zeitlang selbst aufgehalten hatte, auf große Resonanz gestoßen und besaß auch im 19. Jahrhundert noch große Popularität. Turner bringt den geschätzten Meister selbst ins Bild, huldigt ihm in Thema und Komposition, ohne ihm jedoch in Malweise und Kolorit vollkommen zu folgen.

Den Anstoß zur Reise gab letztlich ein Auftrag, den Turner in Aussicht hatte: H.A.J. Munro of Novar, den er um 1826 kennengelernt und der um 1830 erstmals ein Bild des Künstlers erworben hatte, wünschte ein Aquarell mit einer Ansicht Venedigs. Turner bestand – geschäftstüchtig wie er war – darauf, daß Munro die Reise finanzierte, so jedenfalls berichtet Thornbury, Turners erster Biograph.[54] Im Gegensatz zu seiner ersten Venedigreise wählte Turner eine andere Strecke, die ihn über Süddeutschland bis nach Wien führte und die erst in jüngster Zeit rekonstruiert werden

In San Marco, Ansicht aus dem Venedig-Skizzenbuch, 1833

*Die Liebenden: Szene aus Shakespeares ›Der Kaufmann von Venedig‹,
Ansicht aus dem Venedig-Skizzenbuch, 1833*

konnte.⁵⁵ Samuel Prouts gerade erschienenen ›Facsimiles of Sketches Made in Flanders and Germany‹ mögen diese Entscheidung beeinflußt haben. Statt über Frankreich zu reisen, kam er dieses Mal über Belgien – nach einem kurzen Abstecher an die Maas – zum Mittelrhein und folgte dem Fluß, zum Teil vermutlich mit dem Dampfschiff, von Köln bis Mannheim. Im weiteren Verlauf dieser Reise lernte er nicht nur neue bedeutende Städte, sondern auch neue Flußlandschaften kennen: Ohne Zweifel hatte er sein großes Flußprojekt vor Augen. Von Mannheim aus reiste er am Neckar entlang und kam erstmals in das schon zu dieser Zeit von Touristen geliebte Heidelberg, das er in zahlreichen Skizzen festhielt. Über Heilbronn und Stuttgart erreichte er München, wo er etwas verweilte, denn die Stadt hatte im Zuge der Bautätigkeit unter König Ludwig I. einiges an Neuheiten zu bieten: Leo von Klenzes (1784–1864) Glyptothek war gerade fertiggestellt worden, während die Pinakothek im Bau war, beide Gebäude hielt Turner in seinen Skizzenbüchern fest. Statt wie zu seiner Zeit üblich den Weg nach Wien mit dem Boot zurückzulegen, reiste Turner über Land weiter, um Salzburg zu besichtigen, das von englischen Reisenden besonders gepriesen wurde. Danach ging es weiter nach Linz, hier hielt er das Interieur eines Gasthofes, das ihn an den holländischen Maler Pieter de Hooch (1629–1677) erinnerte, in einer Skizze fest. In Linz bestieg er endlich ein Boot und fuhr die Donau hinab bis Wien. Mit der Erkundung dieses Flusses war Turner seiner Zeit voraus. Das Interesse der Reisenden an der Donaulandschaft war gering, erst in den 40er Jahren begann man – nachdem 1837 auch hier die Dampfschiffahrt eingeführt worden war – ihre wilde und dunkle Szenerie kennenzulernen und zu schätzen. So wegweisend Turners Vorstoß war, sah er doch davon ab, das gesammelte Material in Aquarelle oder Bilder umzusetzen. In Wien angelangt, skizzierte er zwar relativ wenig, interessierte sich offenbar jedoch sehr für die kaiserliche Kunstsammlung. Über Land kehrte er wieder nach Salzburg zurück und gelangte dann nach Innsbruck. Wie den Meldungen in den örtlichen Zeitungen zu entnehmen ist, erreichte er schließlich am 9. September Venedig, wo er sich allerdings nicht länger als eine Woche aufhielt.

Eine Gruppe von ungefähr 30 farbigen Arbeiten in Aquarell und Deckfarbe auf braunem Papier sind vermutlich während oder nach diesem zweiten Besuch zwischen 1833 und 1835 entstanden. Sie stehen in lebhaftem Kontrast zu den späteren Venedigansichten Turners, die die Stadt in funkelndem Tageslicht vom Wasser aus darstellen. Bedingt durch die Farbigkeit des Papiers, handelt es sich überwiegend um Nachtszenen mit

Julia und ihre Amme, R.A. 1836

interessanten, dramatischen Lichteffekten, um »Nahaufnahmen« von engen Kanälen oder Interieurs, z.B. eines Theaters, die häufig nicht zu lokalisieren und sehr flüchtig ausgeführt sind. Zwei der Arbeiten zeigen bekanntere Sujets: einmal die Piazzetta mit Blick auf die Markuskirche, bei der mit Blau- und Brauntönen auf dem getönten Grund eine nächtliche Stimmung erzeugt wird, die durch Hell-Dunkel-Kontraste gespenstisch belebt wirkt. Einen besonderen Akzent setzen rot gekleidete Figuren im Vordergrund. Die andere Darstellung zeigt mit wenigen Strichen und Farbflächen die Seufzerbrücke in Nahsicht vom Kanal aus. Über der düsteren Szenerie blinken am Himmel einige helle Sterne. Turner scheint in der Serie – wie schon in seiner Ansicht der Rialto-Brücke im Mondlicht für Rogers' ›Poems‹ – die bald sehr populäre Auffassung vorweggenommen zu haben,

»daß Venedig eigentlich eine Stadt ist, die man nur bei Mondschein sehen sollte«, wie Eduard von Bülow in seinen Reiseskizzen von 1845/46 bemerkte.[56] »Um die Jahrhundertmitte erschien die Königin der Meere auf Reisebildern als ›Königin der Nacht‹«, und der Maler Friedrich Nerly kam mit seinen seit 1837 entstehenden Venedig-Ansichten dem Geschmack des Publikums so sehr entgegen, daß er die *Piazzetta im Mondschein* mehr als dreißigmal wiederholen mußte.[57] Turner verwandelte diese Studien nicht in verkäufliche Aquarelle, doch scheinen einige der Blätter, die Feuerwerke, Theaterszenen oder Dachausblicke zeigen, in Zusammenhang mit dem 1836 ausgestellten Ölbild *Julia und ihre Amme* zu stehen. Möglicherweise hatte Turner während seines Aufenthalts das berühmte Shakespeare-Stück ›Romeo und Julia‹ in einem der venezianischen Theater gesehen und kam so auf diese Bildidee.

Anders als geplant, malte er nach seiner Rückkehr für Munro kein Aquarell, sondern ein Ölbild, das er 1835 in der Royal Academy vorstellte. Schon im Jahr zuvor hatte er dort bald nach der Reise ein Ölbild mit venezianischem Sujet präsentiert, das er im Auftrag eines anderen Sammlers ausgeführt hatte.

Handelt es sich bei diesen beiden Venedig-Gemälden um topographische Darstellungen, hat das erwähnte Bild *Julia und ihre Amme*, das ebenfalls von Munro erworben wurde, eine andere Dimension. Das Bild erregte großes Aufsehen, nicht nur aus formalen Gründen, sondern auch wegen Turners freiem Umgang mit dem historischen Ereignis, das er von Verona nach Venedig versetzte. Ein Kritiker im ›Blackwood's Magazine‹ schrieb: »Es ist weder Sonnenlicht, Mondlicht, noch Licht der Sterne oder eines Feuers ... Vor so vielen Absurditäten wagen wir nicht zu fragen, warum Julia und ihre Amme sich in Venedig befinden. Denn die Szene stellt eine Komposition dar, zu der verschiedene Teile Venedigs Modell gestanden zu haben scheinen, wie Kraut und Rüben zusammengewürfelt, blau und rosa gestreift und in ein Mehlfaß geworfen.«[58] Durch dieses höhnische Urteil fühlte sich der damals 17jährige John Ruskin (1819–1900) veranlaßt, eine Verteidigung Turners zu verfassen, die auf dessen Wunsch jedoch nicht veröffentlicht wurde. Doch sollten aus dem Artikel schließlich die fünf Bände der ›Modern Painters‹ hervorgehen (1843–60), in denen der Autor seine leidenschaftliche Bewunderung für Turners Kunst fixierte. Als das Bild 1842 gestochen wurde, änderte Turner den Titel in *Markusplatz, Venedig (Mondschein)* und fügte eine Zeile aus Byrons Canto IV bei. Die Kritik hatte offenbar dazu geführt, die Tageszeit zu spezifizieren und den Verweis auf Shakespeares ›Romeo und Julia‹ zugunsten einer allgemeinen Aussage aufzugeben, die den festlichen, unterhaltsamen und romantischen Charakter der Stadt hervorhebt.

Bevor Turner im Sommer 1840 ein letztes Mal nach Venedig zurückkehren sollte, stellte er neben den genannten noch drei weitere Bilder mit venezianischen Themen in der Royal Academy aus. Das 1837 gezeigte bezog sich mit zwei Zeilen aus ›Der Kaufmann von Venedig‹ ebenfalls auf Shakespeare, von dessen Werk neben dem Byrons gerade im 19. Jahrhundert auch ein wesentlicher Impuls zur Venedig-Begeisterung ausgegangen war, während eines der beiden im Frühjahr 1840 präsentierten die Seufzerbrücke zeigt. Im Katalog zitierte Turner dazu nicht ganz wörtlich, aber sinngemäß die bereits erwähnten berühmten Anfangszeilen von Byrons Canto IV: »Ich stand auf einer Brücke, einen Palast und ein Gefängnis mir zu Seiten.«[59]

REISEN AUF DEN KONTINENT 1835 BIS 1839

»Ich möchte nach Berlin fahren«

1835 unternahm Turner eine Reise, die ihn ähnlich wie die des Jahres 1833 in Gegenden und Städte führte, die nicht an der traditionellen Grand Tour lagen, deren Schönheiten von den Touristen des neuen Zeitalters jedoch bereits entdeckt worden waren. So betrat der Künstler zwar im einzelnen nicht unbedingt Neuland, bewies aber mit dem originellen Verlauf der Reise seine Neugierde und – immerhin bereits im Alter von 60 Jahren – seine unermüdliche Suche nach neuen Eindrücken. Da aus dieser Reise bis auf ein Aquarell keine Werke hervorgingen und seine Eindrücke sich lediglich in den Bleistiftstudien der sechs benutzten Skizzenbücher spiegeln, ist sie zudem eine der privatesten und persönlichsten seiner zahlreichen Touren.[60]

Turner machte sich Ende August auf den Weg und befuhr eine Strecke, die sich schon bald in Murrays ›Handbook for Northern Germany‹ etablieren sollte: Von London erreichte er nach fast zweitägiger Fahrt mit dem Dampfer die Stadt Hamburg. Dieses Handelszentrum – bedenkt man seine Vorliebe für Hafenstädte – war für Turner von großem Interesse und wurde generell von den Engländern wegen seiner Ähnlichkeit mit London und seiner freien, weltoffenen Atmosphäre geschätzt. Statt direkt nach Berlin weiterzureisen, machte Turner einen Umweg über die Ostsee und besuchte die dänische Hauptstadt Kopenhagen, wo er neben den königlichen Schlössern auch die Liebfrauenkirche mit den Gipsversionen von Bertel Thorvaldsens (1768–1844) Apostelfiguren skizzierte. Sicherlich kannte Turner den berühmten dänischen Bildhauer, der den größten Teil seines Lebens in Rom verbrachte, von seinem letzten Aufenthalt dort und war neugierig, dessen Arbeiten in dem neoklassizistischen Gebäude zu studieren. Weiter ging es dann, vermutlich mit einem Postdampfer, nach Stettin und mit der Kutsche bis Berlin. Unterwegs hatte er sich, wohl mit Hilfe eines Mitreisenden, ein kleines Sprachlexikon mit Wendungen wie »Ich möchte nach Berlin fahren« angelegt. In der deutschen Metropole skizzierte er unermüdlich die zahlreichen interessanten Gebäude, angefangen von Andreas Schlüters (1660–1714) Stadtschloß über Carl Gotthard Lang-

*Berlin: Das Brandenburger Tor,
Dresden- und Berlin-Skizzenbuch, 1835*

hans' (1732–1808) Brandenburger Tor bis hin zu den Gebäuden Schinkels, die das Bild der Stadt maßgeblich prägten.

Von Berlin aus reiste Turner weiter nach Dresden, damals schon seiner Schönheit wegen als »Elbflorenz« bezeichnet. Nicht nur den berühmten Gebäuden wie Frauenkirche und Zwinger und den Ausblicken auf den Fluß, sondern auch der von August III. begründeten Gemäldesammlung widmete er in zahlreichen Studien seine Aufmerksamkeit. Von Dresden aus unternahm er auch einen Ausflug in die ›Sächsische Schweiz‹ mit ihren steilen Felswänden und durch Erosion geschaffenen bizarren Gesteinsformationen, die hoch über der Elbe aufragen. Die Gegend war schon damals recht populär und touristisch gut erschlossen. Turner wird nicht nur von seinem Freund Augustus Wall Calcott, der 1827 eine ähnliche Reise unter-

*Dresden: Die Frauenkirche vom Neumarkt aus, mit dem Johanneum links,
Dresden- und Berlin-Skizzenbuch, 1835*

Schneesturm, Lawine und Überschwemmung – eine Szene im oberen Aosta-Tal, Piemont,
R.A. 1837

nommen hatte, darüber informiert worden sein, sondern auch durch eine Publikation, Captain Robert Battys ›Hanoverian and Saxon Scenery‹, erschienen 1826–29.

In Prag faszinierten ihn besonders die umfassenden Blicke auf die Stadt, die sich von verschiedenen Aussichtspunkten gewinnen ließen. Turners Kollege und Freund David Wilkie hatte Prag bereits 1826 besucht und als einen Ort bezeichnet, »wo unsere Freunde, Calcott und Turner, exzellente Sujets für ihre Arbeit finden könnten: eine im höchsten Grade romantische und pittoreske Stadt«[61]. Wie aus seinen Skizzenbüchern und den Meldungen in den örtlichen Zeitungen hervorgeht, trat er über Nürnberg und Frankfurt den Rückweg an. In Mainz, von wo aus er sicherlich mit dem Dampfer den Rhein hinab nach Köln fuhr, traf er wieder auf vertrautes Gebiet. Das letzte Wegstück allerdings war wiederum neu, statt wie üblich über Land nach Calais oder Ostende zu reisen, nutzte er auch hier die modernsten, schnellsten Verkehrsverbindungen und fuhr weiter

An der Mosel, 1839

auf dem Rhein bis nach Rotterdam und von dort nach fast sechswöchiger Reise nach England.

Im Jahr nach dieser intensiven Städtetour zog es Turner 1836 wieder in die Natur. Nach 34 Jahren suchte er erneut die Begegnung mit einer Landschaft, die seine Kunst maßgeblich beeinflußt hatte: die Schweiz.⁶² Ganz gegen seine Gewohnheit reiste er dieses Mal nicht allein, sondern bat seinen Freund und Sammler Munro of Novar, ihn zu begleiten. Munro war begeisterter Kunstliebhaber und Amateurzeichner, Ruskin berichtete später von den Lehrstunden, die Turner dem Freund unterwegs ohne viel Worte gab. Durch Munro wissen wir, daß Turner in der Schweiz in Farbe zu arbeiten begann, doch ist es heute schwierig, eine Zuordnung und Identifizierung einzelner Blätter vorzunehmen, die einst zu einem zusammenhängenden Skizzenbuch gehört hatten und später aufgelöst und mit denen

*Place Royale, Spa, Ansicht vom Eingang zur »Promenade de Sept-Heures«,
um 1839*

anderer vermischt wurden. Das aus der Reise hervorgegangene Ölbild *Schneesturm, Lawine und Überschwemmung – eine Szene im oberen Aosta-Tal, Piemont*, das Turner 1837 in der Royal Academy präsentierte, zeigt eine Rückbesinnung auf das dramatische Moment des Erhabenen. Mit diesem Bild greift er, angeregt durch die Landschaft, aber sicher nicht durch eigenes Erleben, zurück auf die beiden 1810 und 1812 entstandenen Werke, die den Sturz einer Lawine in Graubünden bzw. die Alpenüberquerung der Armee Hannibals in einem Schneesturm zeigen. In apokalyptischer Weise verbindet er diese beiden Naturkatastrophen zu einem einzigen tragischen Geschehen, dessen Dramatik durch eine Überschwemmung zusätzlich gesteigert wird: Die Welt scheint sich in einer großen kreisförmigen Woge aufzulösen, die der Künstler bereits in *Hannibal* als kompositorisches Mittel einsetzte, um die hereinbrechende Katastrophe eindringlich zu visualisieren. Diese Vision von der Macht der Natur über das menschliche

Leben steht in krassem Gegensatz zu klassisch schönen Landschaftsdarstellungen in der Tradition Lorrains, die er in jener Zeit ebenfalls malte.

1839 plante Turner erneut eine Reise, die ihn durch Belgien und Frankreich nach Deutschland führen sollte. Vielleicht hatte Turner auch jetzt noch sein großes Projekt *Flüsse Europas* im Kopf, denn er folgte wie bereits 1824 dem Verlauf der beiden Flüsse Maas und Mosel.[63] Der Besuch Deutschlands war nicht nur Zeichen seines unverminderten Interesses an diesem Land, sondern spiegelte auch eine allgemeine Tendenz. 1836 und 1837 waren die beiden ersten ›Handbooks‹ von Murray zu Nord- und Süddeutschland erschienen, und in den Kunstausstellungen dieser Jahre waren Rhein-Sujets besonders beliebt. Ausschlaggebend für die Planung der Reise 1839 war aber schließlich ein im Vorjahr veröffentlichtes Buch ›Sketches on the Moselle, the Rhine & the Meuse‹ von Clarkson Stanfield, einem Künstler,

Ansicht vom Fetschenhof aus, um 1839

Ansicht von Cochem, um 1839

mit dem er schon im Hinblick auf venezianische Sujets in eine Art Wettstreit bzw. Interessensgleichheit geraten war. Turner orientierte sich an den Ansichten des Kollegen, und Stanfield selbst sollte ihm schließlich für die Reise eine Karte von der Mosel leihen.

Turner betrat den Kontinent Anfang August in Ostende. Von dort konnte er die neue Eisenbahnstrecke bis Brüssel benutzen. Sein Weg nach Lüttich führte ihn durch Belgien, ein Land, das gerade erst nach jahrelangen Auseinandersetzungen im April mit dem Vertrag von London seine Unabhängigkeit vom Vereinigten Königreich der Niederlande erlangt hatte. Sicherlich wurde Turners Interesse auch durch diese Ereignisse intensiviert. Wie schon 1824 studierte er von Lüttich – nach einem kurzen Abstecher nach Spa – bis Verdun die Maas und folgte dann der Mosel von Metz bis Koblenz. Er wiederholte auch den Abstecher nach Luxemburg, wo er durch die erwähnte Neuordnung Belgiens und der Niederlande, in die das Großherzogtum Luxemburg involviert war, ebenfalls auf eine veränderte politische Situation stieß. Von Koblenz folgte er wie üblich dem Rhein bis Köln, um dann über Lüttich und Brüssel wieder nach London zurückzukehren.

Im Verlaufe der knapp zweimonatigen Tour füllte Turner fünf Skizzenbücher mit Bleistiftstudien, daneben benutzte er lose Blätter aus blauem Papier, auf denen er mit Bleistift skizzierte und mit Wasser- und Deckfarben malte. Dazu gehören auch einige Studien, die er an der Mosel direkt im Freien kolorierte. Mit wenigen Pinselstrichen entwirft Turner in einem der Aquarelle ein knappes Bild der Flußlandschaft, nicht um eine bestimmte Topographie zu schildern, sondern um die transitorische Stimmung am Fluß einzufangen, wobei ihm das dunkelblaue Papier als Fond für Himmel und Wasser äußerste Sparsamkeit und Abstraktion erlaubte. So modern und wegweisend solche Arbeiten heute Turners Kunst erscheinen lassen, darf man doch nicht vergessen, daß er ihnen als privaten Studien keine Ausstellungsreife zubilligte.

Nach seiner Rückkehr führte Turner wohl im Herbst und Winter eine Folge von über hundert kleinen Gouachen auf blauem Papier aus. In ihrer malerischen Freiheit, in Spontaneität und kühnem Kolorit übertreffen sie die Seine- und Loire-Serien.

Dem beliebten Badeort Spa, südöstlich von Lüttich gelegen, widmete Turner mehrere Blätter, darunter eine Ansicht der Place Royale von der ›Promenade de Sept-Heures‹ aus gesehen, die die heitere Atmosphäre der eleganten Stadt reflektiert.

Bei der Maas-Serie beschränkte sich Turner auf die Darstellung einer kleinen Zahl von Städten, allerdings von einer Vielzahl unterschiedlicher Blickpunkte aus gesehen.

Mit annähernd 20 Ansichten schenkte Turner Luxemburg besonders große Aufmerksamkeit, wobei er wie stets den Blick von weither auf die Stadt bevorzugte. Er fand hier »noch markanter als in Dinant und Namur, ein dramatisches Nebeneinander von Bauwerken und tiefen Felsenschluchten, das für ihn unwiderstehlich war ...«[64] Die *Ansicht vom Fetschenhof aus* zeigt diese Verbindung von Natur und von Menschen errichteten Bastionen, die die Berge mit geometrischen Mustern überziehen, deutlich. Bemerkenswert ist die breite Farbskala, die Turner einsetzt und die von Ockergelb über Rot- und Brauntöne bis zu Blau und kräftigem Grün reicht.

Der Mosel mit ihren kleinen Dörfern, zahlreichen Burgen und Städten sind die meisten Blätter innerhalb der Serie gewidmet. Die Farbgebung ist hier fast noch kühner und visionärer als in den anderen Blättern: Kräftiges

Gelb sowie Rosa- und Rottöne gehen mit dem blauem Grund Beziehungen ein, die phantastische, magische Stimmungen erzeugen. In der *Ansicht von Cochem* bringen die transparenten Farbzonen aus Gelb, Rot, Violett, Blau und Grün in Zusammenklang mit der verhangenen Sonne eine geradezu traumhafte Wirkung hervor.

Mit der Ausführung dieser Folge geht Turners Materialsammlung zu den Flüssen Europas fast zu Ende. Im folgenden Jahr sollte er noch einmal auf dem Weg nach Venedig die Donau studieren, doch die Reisen von 1841 bis 1844 führten ihn wieder zurück zu seinen Anfängen: in die alpine Welt der Schweiz.

Die letzte Venedigreise 1840

»Ich stand auf einer Brücke, einen Palast und ein Gefängnis mir zu Seiten.«

Die Reise nach Venedig im Jahr 1840, die letzte, die Turner unternehmen sollte, war bezüglich der Reiseroute und der Ergebnisse äußerst ergiebig. Eine Fülle von farbigen Arbeiten der unterschiedlichsten Gegenden sowie Ideen und Inspirationen für später ausgeführte Ölbilder resultierten aus dieser Reise, einer der wichtigsten seines Lebens. Ohne Zweifel war Venedig Turners Hauptziel, er hielt sich vierzehn Tage in der Stadt auf, länger als die beiden ersten Male. Doch bevor die Ergebnisse dieses Aufenthalts betrachtet werden, sei auf die Hin- und Rückreise hingewiesen, deren Ausbeute ebenso erstaunlich ist.[65] Turner hielt seine Eindrücke nicht nur in kleinen Skizzenbüchern fest, sondern zeichnete und malte auch auf lose Blätter unterschiedlicher Größe und Farbe – grau, blau, seltener auch braun. Darüber hinaus führte er zwei Rollenskizzenbücher mit sich, die er in Venedig und auf dem Rückweg mit kolorierten Skizzen füllte.

Turners Reise begann Ende Juli. Von Rotterdam aus fuhr er den Rhein hinauf bis zum Bodensee und von Bregenz weiter über Bozen nach Venedig. Die Rückreise dauerte fast fünf Wochen und ist anhand seiner Skizzenbücher zu verfolgen. Er wählte zunächst die Fahrt mit dem Dampfer durch den Golf von Triest, der ihm die Alpenüberquerung ersparte. Weiter ging es von Graz bis nach Wien und dann auf der Donau über Passau bis nach Regensburg. Auch diese Strecke konnte er mit dem Dampfer, der seit 1837 hier regelmäßig verkehrte, zurücklegen, doch leider ließ ihm diese Art der Fortbewegung nur wenig Gelegenheit, ausführlich zu skizzieren. Dennoch hielt der Künstler die ihm noch unbekannte Strecke zwischen Linz und Passau, die ihn durch ihr besonders wildes und einsames Erscheinungsbild mit dunklen Wäldern und spektakulären Windungen faszinierte, so gut es ging im Skizzenbuch fest. Passau, die ›Perle der Donau‹ am Zusammenfluß von Donau, Inn und Ilz, begeisterte Turner derart, daß er wieder zur Farbe griff und die Stadt aus unterschiedlichen Perspektiven malte. Von hier aus wanderte er die Ilz entlang, bis er die Burg Hals erreichte, deren Ruine auf einem hohen, zerklüfteten Felsen aufragt, um den sich in einer scharfen Biegung der Fluß windet. Die romantische

Burg Hals und die Ilz, vom Hang aus gesehen, 1840

Ansicht Turners erhält durch den in Violett- und Blautönen verschwimmenden Horizont, dem das Blau des Flusses antwortet, einen besonderen Reiz.

Die nächste Unterbrechung der Fahrt galt Regensburg, einer Stadt, die bei englischen Reisenden wegen ihrer engen Gassen und hohen wuchtigen Gebäude nicht besonders geschätzt war. Turner widmete ihr jedoch etliche, auch kolorierte Ansichten, meist aus der Ferne betrachtet. Besonders faszinierte ihn die mächtige Steinbrücke aus dem 12. Jahrhundert, die den weiten Fluß vor dem Panorama der Stadt mit ihren Türmen überspannt. Mit der Verwendung von zarten Blau-, Braun-, Rot- und Violettönen auf dem grauen Papier gelingt es Turner, die abendlich kühle, herbstliche Stimmung am Fluß einzufangen.

Von Regensburg aus waren es nur ein paar Kilometer bis zu einem Platz, dem Turner als einer der ersten Reisenden besondere Aufmerksamkeit schenkte: der am Donauufer im Bau befindlichen Walhalla. Bereits bei seinem München-Aufenthalt im Jahre 1833 hatte sich Turner für die künst-

Regensburg, von der Brücke aus gesehen, 1840

lerischen Unternehmungen Ludwigs und die Bauten Klenzes interessiert, und so war es für ihn selbstverständlich, auch dem jüngsten Projekt einen Besuch abzustatten. Nicht nur seine Vorliebe für die Architektur des Klassizismus, sondern auch die politische Dimension dieses Bauwerkes, das als nationales Denkmal aus der Ablehnung der Machtbestrebungen Napoleons entstanden war, hatten Turners Interesse geweckt. Er fertigte zunächst zahlreiche Bleistiftskizzen von dem Bau und seiner malerischen Lage an einem Hang oberhalb des Dorfes Donaustauf an. Zwei Jahre später las Turner in den Londoner Gazetten von den Eröffnungsfeierlichkeiten und entschloß sich, dem Sujet ein großformatiges Ölbild zu widmen. *Die Eröffnung der Walhalla, 1842* wurde 1843 in der Royal Academy mit Zeilen aus Turners eigenem Gedicht ›Fallacies of Hope‹ ausgestellt, die mit einer Grußadresse an den bayerischen König anheben, dann auf die Eroberung Bayerns durch Napoleon verweisen, um schließlich den Aufschwung des Landes nach der Rückkehr des Friedens zu preisen.[66] Das Bild selbst zeigt links den breiten Fluß, über dem sich im Mittelgrund eine Brücke spannt,

Die Eröffnung der Walhalla, 1842, R.A. 1843

die zur Walhalla emporführt. Die rechte Bildhälfte wird im Vordergrund von einer feiernden Menschenmenge eingenommen, die sich diffus im Hintergrund verliert. Farblich entwickelt sich die Komposition aus dunkleren Partien in der unteren Bildhälfte hin zu hellgelben Zonen im oberen Bildbereich, womit die Landschaft »zur poetischen und bildlichen Metapher einer Krieg-Frieden-Thematik«[67] wird. Als 1845 auf der Königlichen Kunstausstellung in München erstmals auch ausländische Künstler zugelassen wurden, schickte Turner sein Bild dorthin, sicherlich in der Hoffnung, es werde von seinem Adressaten gekauft. Doch das Bild verursachte einen Skandal, man verstand es weder inhaltlich noch konnte man sich mit den malerischen Eigenheiten wie der Formauflösung und der Farbgebung anfreunden.

Nachdem er Regensburg und Umgebung erkundet hatte, reiste Turner weiter nach Nürnberg und Bamberg und machte von da aus einen Umweg nach Coburg. Dies hatte einen besonderen Grund: Im Februar desselben Jahres hatte Königin Viktoria den deutschen Prinzen Albert von Sachsen-Coburg-Gotha geheiratet. Damit erreichte in England das Interesse an Deutschland einen Höhepunkt, der sich nicht zuletzt in Literatur und Kunst niederschlug. Prinz Albert galt als Kunstliebhaber und so sah sich Turner in dessen Heimat um, auf der Suche nach einem Sujet, mit dem er

Der Marktplatz in Coburg, 1840

Schloß Rosenau: Sitz Ihrer Königlichen Hoheit des Prinzen Albert von Coburg, in der Nähe von Coburg, R.A. 1841

Unwetter über der Lagune, 1840

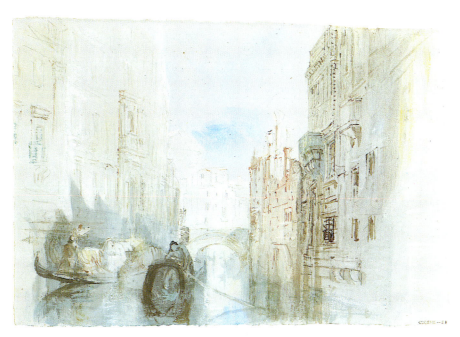

Blick auf einen kreuzenden Kanal in der Nähe des Arsenals, 1840

Die Dogana, San Giorgio und die Citella von den Stufen des Hotels Europa aus, R.A. 1842

den Prinzen auf sich aufmerksam machen könnte. Er hielt sich mindestens vier Tage in Coburg und Umgebung auf, wo er u.a. auch Schloß Rosenau besuchte, den Geburtsort Alberts. Unterwegs fertigte er Bleistiftskizzen und etliche kolorierte Blätter an. Eines der freiesten, impressionistischsten zeigt den Marktplatz in Coburg mit Ständen und Menschen im Vordergrund, die nur durch hastige Pinselstriche angedeutet sind, während im Hintergrund schemenhaft einzelne Gebäude auftauchen: rechts das Rathaus, links das Stadthaus und in der Mitte der transparent blaue Turm der Moritzkirche. In Verbindung mit dem grauen Papier erzeugen die gedämpften, zarten Farben eine dunstig neblige Stimmung, wie sie an einem frühen Herbstmorgen herrscht.

Zurück in England entschloß sich Turner, Schloß Rosenau ein Ölbild zu widmen, das er 1841 in der Royal Academy vorstellte.[68] Unabhängig von der Beziehung zu Prinz Albert war gerade dieses Schloß auch architektonisch von speziellem Interesse für Turner. Der mittelalterliche Bau war zwischen 1808 und 1817 nach Entwürfen Schinkels in gotisierendem

Stil umgebaut worden und zählte damit zu den frühen Beispielen für die von England ausgehende Neugotik in Deutschland. Auch der gleichzeitig angelegte Landschaftsgarten mit gewundenen Wasserwegen, Teichen, Wäldchen und darin eingebundener Architektur hatte sein Vorbild in England. Turner zeigt in seinem topographischen Porträt all diese Elemente: im Vordergrund eine breite Wasserfläche, die sich in den Mittelgrund hineinschlängelt, und Bäume, hinter denen rechts die gotische Architektur des Schlosses auftaucht. Besondere Aufmerksamkeit widmete er den Spiegelungen und Lichtreflexen der Sonne im Wasser. Dem Prozessualen dieser Erscheinungen entspricht seine offene, aufgelöste Malweise. Leider war dem Bild weder bei Hof noch beim restlichen Publikum Erfolg beschieden. Turners Bemühung um höfische Patronage scheiterte auch hier.

Mehr Erfolg als mit den deutschen Sujets hatte Turner in den folgenden Jahren mit venezianischen Motiven. Eines der Bilder, das er 1840 vor der Reise in der Royal Academy ausgestellt hatte, war ein Auftragswerk gewesen. Dies hatte ihn vielleicht veranlaßt, auf der Suche nach Inspiration und neuen Motiven vor Ort den Weg nach Venedig noch einmal anzutreten. Im Gegensatz zu den vorhergehenden Aufenthalten schuf Turner dieses Mal in Venedig selbst oder bald danach eine Fülle von Aquarellen, die sowohl hinsichtlich der Technik als auch im Umgang mit den Motiven von einer bemerkenswerten Vielfalt sind.[69] Im Gegensatz zu den besprochenen Fluß-Serien arbeitete Turner hier nur ganz selten mit Deckfarbe, er ließ vielmehr, der Atmosphäre und dem Licht der Lagunenstadt entsprechend, transparente Wasserfarben auf hellem Grund schimmern. Möglicherweise hatte Turner die Absicht, die Studien potentiellen Kunden vorzulegen, um dann nach diesen Mustern Aquarelle auszuführen. Dazu kam es zwar nicht, doch wurden etwa zwei Dutzend der Studien selbst – wohl über Turners Kunsthändler Thomas Griffith – von Sammlern gekauft, darunter beispielsweise *Unwetter über der Lagune*. In äußerst sparsamer, aber wirkungsvoller Weise erzeugt Turner mit blauen und grauen ineinander fließenden Farbpartien die Vorstellung von peitschendem Regen, der die mit knappen Federstrichen hingesetzten Gebäude verhüllt, während sich im Vordergrund eine Gondel durch das unruhige Gewässer kämpft. Nach wie vor sind es Wettereffekte und Lichtverhältnisse, die Turner interessieren.

Verschiedene Blätter sind unter Vernachlässigung architektonischer oder topographischer Einzelheiten ganz dem Studium von Lichteffekten und Spiegelungen gewidmet und verzichten auf Bleistift und Feder. In an-

Die Dogana mit Santa Maria della Salute, R.A. 1843

deren Arbeiten löst sich Turner von der Fernsicht auf Wasser und Architektur und taucht ein in die enge Welt der Kanäle. In dem Blatt *Blick auf einen Kanal* scheint der Betrachter in einem Boot zu sitzen und folgt zwei Gondeln, die auf eine Brücke zusteuern. Lediglich auf die linke Häuserfront fällt Sonnenlicht, der Kanal selbst, die Boote und die rechte Seite liegen im Schatten. Durch die Dominanz der Grau- und Blautöne, denen lediglich sparsam eingesetztes Rotbraun und Gelb gegenübersteht, fängt Turner die feucht-kühle Atmosphäre ein, die sich in den engen Wasserstraßen ausbreitet, sobald das Sonnenlicht schwindet.

    Wie bereits erwähnt, verwandelte Turner keine der Studien in ein verkäufliches, für die Öffentlichkeit bestimmtes Aquarell. Vielleicht war er sich darüber im klaren, daß ihr Zauber in einer detaillierteren Ausführung in diesem Medium verloren ginge. Stattdessen versuchte er, die schimmernde Atmosphäre in einer Reihe von Ölbildern einzufangen: ein Zeichen seiner Experimentierfreudigkeit im Umgang mit den bildnerischen Mitteln. Hatte er anfangs versucht, die Eigenschaften der Ölmalerei auf das Aquarell zu übertragen, so ging er nun den umgekehrten Weg und gewann der Ölmalerei die durchsichtige Zartheit und Flüchtigkeit seiner Studien ab.

Schon im Frühjahr 1841 präsentierte er in der Ausstellung der Royal Academy zwei Venedig-Bilder, die sofort Käufer fanden. Auch 1842 lieferte er zwei Venedig-Sujets, wiederum beide während der Ausstellung verkauft. Eines davon zeigt den Blick vom Eingang des Hotels Europa, in dem Turner während seines Aufenthaltes wohnte, auf die breit gelagerte Szenerie der Stadt über das Wasser hin. Rechts erscheint die Dogana, das Zollhaus, das auf die Bedeutung Venedigs als Handelsstadt verweist, während das zweite Bild *Campo Santo, Venedig* dem Friedhof auf der Insel San Michele gewidmet ist. In einem kontrastierenden Bildpaar thematisiert Turner hier erneut einstige Größe und darauffolgenden Verfall einer Handelsmacht und reiht damit Venedig ein in die Folge großer Imperien wie Karthago und Rom, deren Schicksal er in mehreren Werken darstellte. Der inhaltliche Aspekt findet, betrachtet man das zuerst genannte Bild, seine Entsprechung in der formalen Behandlung des Motivs. Die Stadt scheint sich in ihrem späten Glanz im Licht aufzulösen und zu verschwinden. Sie wirkt, angesichts der Spiegelungen, der Lichtreflexe und der dunstig fließenden Atmosphäre wie ein sich jeden Moment verflüchtigendes Traumbild. Diese Tendenz findet in dem 1843 ausgestellten Bild *Dogana mit Madonna della Salute, Venedig* ihre Fortsetzung und Steigerung. Die Palette wird immer heller, gelbliches Weiß beherrscht die Szenerie, die Malweise wird noch diffuser und verschwommener. In seinem 1849 begonnenen Buch ›The Stones of Venice‹ scheint Ruskin Turners Bildvisionen in Worte umzusetzen: »Noch bietet es sich unseren Blicken dar, in der letzten Phase seines Untergangs: ein Geist über dem sandigen Grund der See, so schwach, so still, so gänzlich allem beraubt außer seiner Anmut, daß wir uns, als wäre es eine Luftspiegelung, beim Betrachten seines matten Abbildes in der Lagune fragen, welches die Stadt und welches ihr Schatten ist.«[70]

Neben den ausgestellten Werken der 40er Jahre existieren etliche Venedig-Sujets, die als Bildanfänge bzw. -entwürfe in Turners Studio verblieben sind, ohne der Öffentlichkeit präsentiert worden zu sein. Dem heutigen Betrachter scheinen Bilder wie *Venedig mit Santa Maria della Salute*, das zwischen 1840 und 1845 entstanden ist und dessen Motiv sich fast

Venedig mit Santa Maria della Salute, um 1840–45

gänzlich in einem Schleier aus weißgelben und bläulichen Farbnebeln auflöst, ungeheuer modern und abstrakt. Obwohl das immer stärker werdende Interesse an Licht, Luft und Atmosphäre und der zunehmend freiere Umgang mit Pinsel und Palettmesser die fertigen Bilder diesen ›Lay-ins‹ annäherte, darf man nicht vergessen, daß Turner sie nicht für ausstellungsreif hielt.

Venedig war in Turners letzten Schaffensjahren zu seinem wichtigsten Motivkreis geworden. Dies lag sicher nicht nur daran, daß dieses Sujet sich bei Sammlern und bei Auftraggebern großer Beliebtheit erfreute. Auch Turners eigene vielfältige Interessen ließen sich an diesem Thema bestens ausdrücken. Seine zunehmende Beschäftigung mit atmosphärischen Erscheinungen und Lichteffekten verband sich hier mit seinem Geschichtsverständnis und seiner von Byron geprägten romantischen Weltsicht. So konnte Venedig in den 40er Jahren Rom aus der Vorrangstellung in Turners Bild- und Gedankenwelt verdrängen. Doch ähnlich wie Rom war Venedig für Turner nicht allein das melancholisch-pessimistische Symbol vergangenen Ruhms, sondern auch eine Stadt, deren ruinöser Zustand dennoch Schönheit und Lebenskraft ausstrahlt.

Die Schweiz- und Deutschland-Reisen zwischen 1841 und 1844

»Ja, Atmosphäre ist mein Stil«

Die letzten Reisen seines Lebens führten Turner jährlich in die Schweiz, gleichzeitig setzte er die Erforschung deutscher Städte und Flüsse fort, die er auf dem Weg dorthin besuchte. Meist benutzte er dabei den Rhein als Reiseweg, und immer wieder hielt er die bekannten Orte in Bleistiftskizzen oder in farbigen Arbeiten fest. Aus dem Jahr 1841 stammt eine Serie mit Ansichten der Festung Ehrenbreitstein, ein Motiv, das Turner schon 1817 innerhalb seiner Rhein-Serie festgehalten und dem er 1835 ein Ölbild gewidmet hatte, das mit seiner Bezugnahme auf Lord Byrons ›Childe Harold‹ und der Anspielung auf die Bedeutung der Festung während der Napoleonischen Kriege weit mehr als die Wiedergabe eines pittoresken Ortes ist.[71] In den 1841 entstandenen Aquarellstudien interessiert Turner dagegen ganz offensichtlich etwas anderes. Von unterschiedlichen Blickwinkeln aus zeigt er die scheinbar mit dem Hügel verwachsene Festung bei wechselnden Tageszeiten und Lichtverhältnissen: in diffusem, farblich gedämpftem Nebel, im goldgelb glühenden Licht eines Sonnenuntergangs oder im letzten Abendrot. Bei äußerster Reduktion der topographischen Details erprobt er ähnlich wie Jahre später Monet an der Kathedrale von Rouen die Wirkung unterschiedlicher Licht- und Farbwerte an einem ausgewählten Objekt. Doch im Gegensatz zu den Impressionisten arbeitete er nicht nach der Natur, sondern aus dem Gedächtnis. Es ging ihm nicht um die Erfassung und Wiedergabe der Wirklichkeit, sondern um die Erprobung der unterschiedlichen Gefühlswerte von Farben sowie um den Zusammenhang von Farbe und Licht. Ein Themenbereich, der ihn besonders nach der Lektüre von Goethes ›Farbenlehre‹ faszinierte und beschäftigte.

Nach *Rosenau* und *Walhalla* malte Turner um 1844/45 sein letztes Ölbild mit einem deutschen Sujet, zu dem er durch eine Reise entlang des Neckar im Jahr 1844 angeregt wurde.[72] Eines der auf dieser Tour entstandenen Blätter zeigt das Heidelberger Schloß von Osten, ein Standort, der sich seit Merians Stich aus dem Jahr 1618 größter Beliebtheit erfreute. Turner evoziert mit einem Minimum an Aufwand einen Sonnenuntergang, indem er über seine Bleistiftskizze nur partiell transparente Gelb- und Rot-

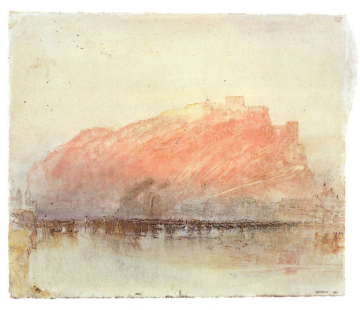

Ehrenbreitstein, 1841

violettlavierungen breitet. Seinem Ölbild legte er dieselbe Blickrichtung zugrunde, doch schaut er offensichtlich – betrachtet man das Schloß, dessen Ruine er hier in einem phantastischen gotisierenden Stil ergänzt – auf eine andere Epoche zurück. Er versetzt seine Darstellung in die Zeit des pfälzischen Kurfürsten Friedrich V., der 1613 durch seine Heirat mit Prinzessin Elisabeth, der ältesten Tochter des englischen Königs Jakob I., den Beginn der verwandtschaftlichen Beziehungen zwischen England und Deutschland markierte. Turner stellt das Paar, dessen Hof für seine prunkvollen Feste berühmt war, links im Vordergrund umgeben von einer feiernden Menschenmenge dar. Doch bekanntlich war dem fröhlichen Leben keine Dauer beschieden. Friedrich verlor schon bald die Pfälzische Kur, und im Rahmen des Pfälzischen Erbfolgekrieges wurde das berühmte Schloß schließlich Ende des 17. Jahrhunderts durch französische Truppen zerstört. Lange Zeit unbeachtet, erfuhr es als Ruine mit nationaler Symbolik erst in der Zeit der Romantik neue Bedeutung, die natürlich auch Turner nicht verborgen geblieben war: Während der Napoleonischen Kriege wurde es als Opfer der französischen Machtpolitik zum Symbol des deutschen Einigungswillens. Vor diesem Hintergrund ergibt sich eine enge Beziehung zum *Walhalla*-Bild, und vermutlich betrachtete Turner

Heidelberg, von Osten her gesehen, 1844

Heidelberg, um 1844–45

Der dunkle Rigi, um 1841–42

Der dunkle Rigi, 1842

– seiner Vorliebe für Bildpaare und seiner Geschichtsauffassung entsprechend – die beiden Werke als Pendants. Während Heidelberg die Spätstufe einer prunkvollen, aber schon vom Verfall bedrohten Epoche darstellt, symbolisiert die Walhalla den erneuten Aufstieg nach Krieg und Niedergang.

Ein Fest in Zürich, 1845

Obwohl sich Turners Interesse an Deutschland gerade im Hinblick auf die genannten Ölbilder in seinen späten Jahren verstärkte, war das eigentliche Ziel seiner Reisen zwischen 1841 und 1844 die Schweiz.[73] Er hielt sich im Gegensatz zu seiner ersten Reise nun gerne in größeren Städten wie Genf, Lausanne, Luzern und Zürich auf und zeigte zudem eine Vorliebe für die Vielzahl an Seen dieser Region. Eine Fülle von Aquarellen resultiert aus diesen Reisen, die heute als Höhepunkt von Turners Aquarellkunst angesehen werden, zu seiner Zeit aber wegen ihrer nebelhaften Undeutlichkeit meist auf Ablehnung stießen. Von Ruskin, der 1840 den Künstler endlich persönlich kennengelernt hatte, auf die »eigenartige Atmosphäre« in seinen späten Aquarellen angesprochen, antwortete Turner: »Ja, Atmosphäre ist mein Stil«.[74] Nicht nur in der äußerst evokativen Art der Darstellung, auch in der Wahl seiner Motive unterscheiden sich die späten von den frühen Schweizer Arbeiten. Vom Maler des Sublimen, das Schrecken und Schauer verbreitet, war er zum Maler transitorischer Sinneseindrücke geworden. Von der Darstellung der erhabenen, dunkel bedrohlichen Welt der Berge gelangte er zur Schilderung panoramaartiger Überblicke, in denen er den atmosphärischen Erscheinungen die Hauptrolle zuwies. Erstaunlich war auch die neue, systematische Methode, mit der er sich um den Verkauf seiner Arbeiten bemühte. Mit dem Ende der Reihe ›Malerische Ansichten von England und Wales‹ im Jahr 1839 ging seine Arbeit mit Verlegern topographischer Folgen wie Cooke und Heath zu Ende. Dennoch hörte Turner nicht auf, in Serien zu arbeiten, mit deren Verkauf er nun seinen Händler Griffith betraute. Auf der Basis der unterwegs gemachten Studien fertigte Turner im Winter 1841/42 eine Reihe von fünfzehn ›Musterstudien‹ an. Vier davon vollendete er, damit sich die potentiellen Kunden eine Vorstellung des Ergebnisses machen konnten. Obwohl sich Turner keinen neuen Kundenkreis erschloß und die Nachfrage nicht überwältigend war, wiederholte er 1843 und 1845 dieses Verfahren.

Eines von Turners Lieblingsmotiven war der Berg Rigi am Vierwaldstätter See. Von seinem Hotel aus, das direkt am Seeufer lag, machte Turner eine Reihe von Zeichnungen, die den Blick über den Nordarm des Sees auf den gegenüberliegenden Berg zeigen. Ähnlich wie kurz vorher am Motiv der Festung Ehrenbreitstein, stellte er ihn zu unterschiedlichen Tageszeiten dar. *Der dunkle Rigi* zeigt den Berg dagegen »in der Dämmerung eines lieblichen Sommermorgens; ein Fragment eines phantastischen Nebelschleiers schwebend zwischen dem Betrachter und dem Berg«, wie Ruskin schrieb.[75] Der Rigi ist in Blauviolettönen gehalten und spiegelt sich grünlichblau im Wasser, während der Himmel in transparentem Gelb schimmert. Es ist äußerst spannend zu beobachten, wie Turner seine Musterstudien in fertige Aquarelle umsetzte. Die Hauptzüge der Landschaft erscheinen zwar unverändert im fertigen Werk, doch werden Atmosphäre, Licht, Farbigkeit und Räumlichkeit in einer erstaunlichen Differenziertheit weiterentwickelt. Figuren und Boote werden hinzugefügt, um Anhaltspunkte für Raum und Weite zu geben. Spiegelungen, Licht und Dunst werden noch prononcierter ausgeführt, ohne jedoch den Reiz des Flüchtigen, der schon in hohem Maße den Studien eigen ist, einzubüßen.

Nicht nur der Natur erweist Turner in seinen Aquarellen seine Reverenz, sondern auch Städten wie Genf, Lausanne, Luzern oder Zürich. Zu der letzten Serie von Musterstudien aus dem Jahr 1845 gehört eine Ansicht von Zürich an einem Festtag am frühen Morgen. Turner verbindet hier topographische Besonderheiten mit Kompositionsschemata, die er in anderen Zusammenhängen sowohl in Aquarellen als auch in Ölbildern immer

Der St. Gotthard-Paß nahe Faido:
Musterstudie, um 1842–43

wieder benutzt und variiert. Damit unterwirft er die Wirklichkeit einer Selektion, die seinen Vorlieben entspricht.

Daß er nicht nur selektiert und arrangiert, d.h. bestimmte Blickpunkte und Details anderen vorzieht, sondern auch übersteigert, haben wir bereits in den frühen Schweiz-Arbeiten beobachten können. Auch in seinen späten Schweizer Darstellungen geht Turner frei mit dem Naturvorbild um. Als Ruskin 1845 auf einer Schweiz-Reise zur Faido-Schlucht in der Nähe des St. Gotthard kam, konnte er den Unterschied zwischen der Realität und Turners Darstellung überprüfen. In ›Modern Painters‹ nahm er das Motiv zum Anlaß, um Turners Umgang mit der Topographie zu analysieren. »… der ganze Ort ist im Maßstab verändert und der allgemeinen Majestät der höheren Alpenformen angepaßt«[76], schreibt Ruskin, und er kommt schließlich zu dem Schluß, daß das Ziel des großen erfinderischen Landschaftsmalers darin besteht, nicht das Bild eines Ortes selbst, sondern dessen Geist darzustellen und zu erfassen: »Eine topographische Aufzeichnung der Tatsachen vermag daher nicht im entferntesten im Geiste des Betrachters diejenigen Empfindungen zu wecken, welche die Tatsachen selbst im Zusammenhang mit ihrer Umgebung in der Natur hervorrufen. Und das Ziel des großen erfinderischen Landschaftsmalers muß darin bestehen, anstatt die Wahrheit der physischen Tatsachen die weit höhere und tiefere Wahrheit der geistigen Anschauung zu geben.«[77] Damit verteidigte Ruskin den Künstler gegen den häufig geäußerten Vorwurf seiner »indistinctiveness«, seiner »Unbestimmtheit«. In Verkennung seiner künstlerischen Absichten legten die Zeitgenossen oft ausschließlich den Maßstab der Wirklichkeitstreue bei der Bewertung der Turnerschen Werke an.

Turners künstlerisches Wollen zu umreißen, ist angesichts der Vielfalt seiner Äußerungen und Themen nicht leicht. Historisches und politisches Interesse, literarische und mythologische Bezüge, Auseinandersetzung mit der Tradition der Malerei, Begeisterung für wissenschaftliche Erkenntnisse und neue technische Errungenschaften, Ehrfurcht vor der Natur und ihren vielfältigen atmosphärischen Phänomenen, nicht zuletzt die schiere Freude am Reisen, am Kennenlernen neuer Gegenden sind die bestimmenden Faktoren, die Turners Bildwelt prägen, die – nicht zu vergessen – ergänzt werden von einem geschäftstüchtigen Sinn für die Wünsche des Publikums. So blieb ein großer Teil des auf seinen Reisen gesammelten Materials ungenutzt, da er keine Nachfrage für bestimmte Motive sah. Turner verdankte seinen Reisen viel. Seine Leistung im Bereich des topographischen Reisebildes besteht in der von Ruskin geschilderten Fähigkeit nicht abzubilden, sondern visuelle Assoziationen zu schaffen. Auch die Dynamisierung des traditionell statischen Ansichtsbildes beruht nicht zuletzt auf seinen persönlichen Erfahrungen als Reisender. Und sicherlich hätte er nicht zum »Entdecker des Wetters«[78], zum Maler von Atmosphäre und Licht werden können, wenn er sich der Natur und ihren Erscheinungen auf seinen Reisen nicht ständig ausgesetzt hätte.

ANMERKUNGEN

1. Zit. nach Heinrich Heine, *Reisebilder. Dritter Teil, Reise von München nach Genua*, Frankfurt am Main 1982, S. 300 f.
2. *Faust. Der Tragödie zweiter Teil*, Zweiter Akt, 7118 f., zit. nach Johann Wolfgang von Goethe, *Faust*, hrsg. von Erich Trunz, München 1996, S. 218.
3. Zu Turners Leben und Werk im allgemeinen siehe Andrew Wilton, *J.M.W. Turner – Leben und Werk*, Fribourg u. München 1979; ders., *Turner und seine Zeit*, München 1987; Michael Lloyd (Hrsg.), *Turner*, Ausst.Kat. Canberra 1996; David B. Brown u. Klaus A. Schröder (Hrsg.), *J.M.W. Turner*, Ausst.Kat. Wien, München 1997; siehe auch Martin Butlin u. Evelyn Joll, *The Paintings of J.M.W. Turner*, 2 Bde., New Haven u. London 1977.
4. Siehe hierzu John Gage, ›»Sind Briten hier?« Britische Künstler in Europa im 19. Jahrhundert‹, in: Ausst.Kat. *Zwei Jahrhunderte englische Malerei*, München 1980, S. 297–424.
5. Besonders zu erwähnen sind hier die Forschungen von Cecilia Powell, auf die im einzelnen im jeweiligen Zusammenhang hingewiesen wird.
6. Zu Byron siehe Hartmut Müller, *Byron*, Reinbek 1981.
7. Zu Turners Beziehung zu Byron siehe David B. Brown, *Turner and Byron*, London 1992.
8. Zur Tradition der Topographie- und der Aquarellmalerei in England vgl. Andrew Wilton u. Anne Lyles, *The Great Age of British Watercolours 1750–1880*, München 1993.
9. Vgl. Oskar Bätschmann, *Entfernung der Natur. Landschaftsmalerei 1750–1920*, Köln 1989, S. 45 ff und Attilio Brilli, *Als Reisen eine Kunst war – Vom Beginn des modernen Tourismus: Die ›Grand Tour‹*, Berlin 1997, S. 54 ff.
10. Vgl. Gustl Früh-Jenner, ›Die Entwicklung der englischen Aquarellmalerei im Spannungsfeld von ›Topographischer Ansicht‹ und ›Historischer Landschaft‹, in: Ausst.Kat. *Im Bilde reisen – Moselansichten von William Turner bis August Sander*, Trier 1996, S. 25–29; Richard Hüttel, ›Im Bilde reisen – Engländer an der Mosel‹, in: Ebd., S. 11–14.
11. Zit. (abgesehen von der gekennzeichneten Korrektur) nach Andrew Wilton, *William Turner – Reisebilder*, München 1982, S. 15 f.
12. Zit. nach Wilton, *Reisebilder*, a.a.O., S. 80.
13. Zit. nach Andrea Winklbauer, ›Sturm, Dampf und Licht. Über Turners Landschaftswahrnehmung‹, in: Ausst.Kat. *Turner*, München 1997, S. 95.
14. Ebd.
15. Vgl. hierzu Wolfgang Häusler, ›Fallacies of Hope. Turners Kunst und die Revolutionen seiner Epoche‹, in: Ausst.Kat. *Turner*, München 1997, S. 82 f.; Oskar Bätschmann, a.a.O., S. 99ff.
16. Zur Schweiz-Reise siehe besonders David Hill, *Turner in the Alps*, London 1992, ferner John Russell u. Andrew Wilton, *Turner in der Schweiz*, Zürich 1976.
17. Zit. nach Wilton, *Turner und seine Zeit*, a.a.O., S. 62.
18. Vgl. hierzu Brown, *Turner and Byron*, a.a.O.
19. Canto III, 28, zit. nach George Gordon Lord Byron, *Sämtliche Werke*, Bd. 1, Düsseldorf u. Zürich 1996, S. 81.
20. Canto III, 46, zit. nach Byron, a.a.O., S. 86.
21. Zum »Rhein-Bild« vgl. Richard W. Gassen u. Bernhard Holeczek (Hrsg.), *Mythos Rhein*, Ausst.Kat. Ludwigshafen am Rhein 1992; Horst-Johs Tümmers, *Rheinromantik und Reisen am Rhein*, Köln 1968.
22. Zit. nach Tümmers, a.a.O., S. 42 f.
23. Zu Turners Reise vgl. besonders Cecilia Powell, *Turner's Rivers of Europe. The Rhine, Meuse and Mosel*, London 1991, S. 11–36; dies., *William Turner in Deutschland*, Ausst.Kat. Mannheim, München 1995, S. 25–34; ferner Karl Heinz Stader, *William Turner und der Rhein*, Bonn 1981 sowie Fred G. H. Bachrach, *Turner's Holland*, London 1994.
24. Canto III, 18, zit. nach Byron, a.a.O., S. 78.
25. Zu dieser Reise siehe besonders: Cecilia Powell, *Turner in the South. Rome, Naples, Florence*, New Haven u. London 1987.
26. Zit. nach Ausst.Kat. *Turner*, München 1997, S. 195.
27. Zu Turners Venedig-Aufenthalt siehe: Lindsay Stainton, *Turner's Venice*, London 1985.

28 Zit. nach Gottfried Riemann (Hrsg.), *Karl Friedrich Schinkel. Reisen nach Italien*, Berlin 1988, S. 45.
29 Canto IV, 1, zit. nach Byron, a.a.O., S. 113.
30 Zit. nach Wilton, *Turner und seine Zeit*, a.a.O., S. 122.
31 Zu Turners Frankreichreisen siehe: Nicholas Alfrey (Hrsg.), *Turner en France*, Ausst.Kat. Paris 1981.
32 Zum Thema britische Künstler in Frankreich siehe: John Gage, ›Sind Briten hier‹, a.a.O., S. 308–348.
33 Vgl. *Turner. Les Fleuves de France*, Einführung von Eric Shanes, Paris 1990.
34 Zit. nach Wilton, *Turner und seine Zeit*, a.a.O., S. 156.
35 Zit. nach Monika Wagner, ›Bilder für bequeme Körper. Zur Medialisierung der Reise im 19. Jahrhundert‹, in: Ausst.Kat. *Im Bilde reisen*, a.a.O., S. 20.
36 Vgl. Monika Wagner, ›Ansichten ohne Ende – oder das Ende der Ansicht? Wahrnehmungsumbrüche im Reisebild um 1830‹, in: Hermann Bausinger (Hrsg.), *Reisekultur. Von der Pilgerfahrt zum modernen Tourismus*, München 1991, S. 326–335.
37 Ebd., S. 333.
38 Zit. nach Wilton, *Turner – Leben und Werk*, a.a.O., S. 284.
39 Zu dieser Reise siehe Powell, *Turner's Rivers of Europe*, a.a.O., S. 36–45; dies., *Turner in Deutschland*, a.a.O., S. 37–42.
40 Zur Mosel vgl. Ausst.Kat. *Im Bilde reisen*, a.a.O.
41 Ebd., S. 11.
42 Ebd., S. 35.
43 Vgl. Bachrach, a.a.O.
44 Vgl. Powell, *Turner's Rivers of Europe*, a.a.O., S. 44 f.
45 Vgl. Ausst.Kat. *Turner*, München 1997, S. 302 und Bachrach, a.a.O., S. 50 f.
46 Vgl. Powell, *Turner in the South*, a.a.O.
47 Zit. nach Wilton, *Turner und seine Zeit*, S. 156.
48 Ebd.
49 Ebd., S. 157 f.
50 Vgl. David B. Brown, ›William Turner – Leben und Werk‹, in: Ausst.Kat. *Turner*, München 1997, S. 38.
51 Zit. nach Wilton, *Turner – Leben und Werk*, a.a.O., S. 283.
52 Zur Reise und ihren Ergebnissen vgl. Stainton, *Turner's Venice*.
53 Zit. nach Gage, a.a.O., S. 301.
54 Walter Thornbury, *The Life of J.M.W. Turner, R.A.*, London 1897, S. 105.
55 Vgl. Powell, *Turner in Deutschland*, a.a.O., S. 45–55.
56 Zit. nach Ausst.Kat. *Mit dem Auge des Touristen. Zur Geschichte des Reisebildes*, Tübingen 1981, S. 57.
57 Ebd., S. 58.
58 Zit. nach Heinz Ohff, *William Turner. Die Entdeckung des Wetters*, München 1987, S. 110.
59 Zit. nach Wilton, *Turner – Leben und Werk*, a.a.O., S. 289.
60 Vgl. Powell, *Turner in Deutschland*, a.a.O., S. 57–73.
61 Zit. nach Powell, ebd., S. 70.
62 Vgl. Russell u. Wilton, *Turner in der Schweiz*, a.a.O.
63 Vgl. Powell, *Turner's Rivers of Europe*, a.a.O., S. 45–54; dies., *Turner in Deutschland*, a.a.O., 75–79.
64 Wilton, *Reisebilder*, a.a.O., S. 57.
65 Vgl. Powell, *Turner in Deutschland*, a.a.O., S. 81–89.
66 Vgl. Pia Müller-Tamm ›»... als breitete ein dichter Morgennebel seine Schleier aus«. Deutsche Landschaften im malerischen Spätwerk J.M.W. Turners‹, in: Powell, *Turner in Deutschland*, a.a.O., S. 97–126, bes. S. 107–113.
67 Ebd., S. 110.
68 Vgl. ebd., S. 121–126.
69 Vgl. Stainton, *Turner's Venice*, a.a.O.
70 Zit. nach Brilli, a.a.O., S. 100.
71 Vgl. Müller-Tamm, a.a.O., S. 101–105.
72 Vgl. Powell, *Turner in Deutschland*, a.a.O., S. 91–95; Müller-Tamm, a.a.O., S. 115–119.
73 Vgl. besonders: Ian Warrell, *Through Switzerland with Turner*, London 1995; Irena Zdanowicz, ›The Late Swiss Watercolours‹, in: Ausst.Kat. *Turner*, Canberra 1996, S. 128–143, ferner Russell u. Wilton, *Turner in der Schweiz*, a.a.O.
74 Zit. nach Ausst.Kat. *Turner*, München 1997, S. 339.
75 Zit. nach Russell u. Wilton, a.a.O., S. 89.
76 Ebd., S. 110.
77 Zit. nach Ausst.Kat. *Im Bilde reisen*, a.a.O., S. 22 f.
78 Ohff, a.a.O., S. 132.

BIOGRAPHIE

1775   Am 23.4. wird Joseph Mallord Wiliam Turner in London als Sohn eines Barbiers und Perückenmachers geboren.

1786   Koloriert die Stichfolge ›Picturesque Views of the Antiquities of England and Wales‹ von Henry Boswell, die erste topographische Serie.

1789   Als Zeichner in Studios versch. Architekten beschäftigt, u.a. bei Thomas Malton, den er als seinen eigentlichen Lehrer bezeichnet. Erfüllt in den folgenden Jahren koloristische und zeichnerische Aufträge für Sir John Soane, Thomas Hardwick und William Porden, den Kunsthändler und Verleger Paul Colnaghi und den Stecher John Raphael Smith. Am 11.12. wird er als Student in die Royal Academy aufgenommen.

1790   Stellt sein erstes Aquarell in der Royal Academy aus.

Charles Turner, Ein süßes Temperament, um 1795, Bleistift, The British Museum, London

J.M.W. Turner, Selbstporträt, 1791, Wasserfarbe mit Weiß gehöht, National Portrait Gallery, London

1791   Besucht einen Freund seines Vaters in Bristol, zeichnet in der Avon-Schlucht bei Clifton, besucht Bath und Malmesbury.

1792   Beginnt in der Aktklasse der Royal Academy zu arbeiten. Im Sommer erneuter Besuch in Bristol, unternimmt eine erste Zeichentour nach Südwales.

1793   Im Sommer Reise nach Hereford, Great Malvern, Worcester, - Tewkesbury und Tintern, im Herbst Reise nach Kent und Sussex. Lernt den Arzt Dr. Thomas Monro (1759–1833) kennen, in dessen »Akademie« er zusammen mit Thomas Girtin (1775–1802) Aquarelle von Künstlern wie John Robert Cozens kopiert.

1794   Im Sommer Reise durch die Midlands und nach Nordwales.

J.M.W. Turner, Selbstporträt,
um 1799, Öl auf Leinwand,
Tate Gallery, London

1795	Tour in Südwales und Reise zur Insel Wight im Zusammenhang mit einem Auftrag für topographische Landschaftsdrucke. Er erhält von Sir Richard Colt Hoare in Stourhead den Auftrag, eine Serie von Zeichnungen der Kathedrale von Salisbury und anderen Gebäuden der Stadt auszuführen.

George Dance, Porträt Turners im Alter von
24 Jahren, gezeichnet von George Dance im
März 1800 zur Erinnerung an Turners Wahl
zum Associate der R.A. im vorhergehenden
Dezember, Bleistift, 1800

1796	Stellt sein erstes Ölbild in der Royal Academy aus.
1797	Im Sommer erste Reise in den Norden Englands (Yorkshire, Küste von Northumberland, Tweed-Tal mit Schloß Norham und Lake District).
1798	Neue Akademieverordnung erlaubt es, Bildtitel im Katalog durch literarische Zitate zu ergänzen, die Turner zeit seines Lebens nutzt. Reise nach Malmesbury, Bristol, Süd- und Nordwales.
1799	Er schlägt das Angebot Lord Elgins aus, als topographischer Zeichner nach Athen zu reisen. Besuch bei William Beckford auf dessen Landsitz Fonthill. Im Herbst Reise nach Lancashire und Nordwales. Wird im November zum »Associate Member« der Royal Academy gewählt.
1801	Im Sommer Reise nach Schottland.
1802	Wird am 12.2. Vollmitglied der Royal Academy. Erste Reise auf den Kontinent durch Frankreich und die Schweiz.
1804	Er eröffnet in Harley Street No. 64, wo er seit 1799 wohnt, eine eigene Galerie. Turners Mutter stirbt in geistiger Umnachtung.
1806	Mietet ein Haus in Hammersmith an der Themse, das er bis 1811 bewohnt. Die Idee zum »Liber studiorum« wird geboren, dessen erster Teil 1807 herausgegeben wird, der letzte Teil erscheint 1819.
1807	Turner wird Professor für Perspektive (bis 1838).
1808	In diesem Jahr vermutlich erstmals bei Walter Fawkes in Farnley Hall, das er von da an bis zum Tod Fawkes' 1825 fast jährlich besuchen wird.
1809	Sarah Danby, die Mutter seiner beiden Töchter, zieht zu Turner. Zum ersten Mal Aufenthalt in Petworth bei Lord Egremont, ab 1831 häufen sich diese Reisen bis zum Tod Egremonts 1837.

T. Cooley, Skizze Turners während einer Vorlesung in der Royal Academy, um 1812, Bleistift, National Portrait Gallery, London

1811	Turner hält die erste Vorlesung über Perspektive. Im Sommer Reisen in Dorset, Devon und Cornwall im Zusammenhang mit einem Auftrag von William Bernard Cooke für Entwürfe zu einer Publikation ›Picturesque Views on the Southern Coast of England‹ (1814–26).
1812	Eröffnet seine neue Galerie in der Queen Anne Street, wo er seit 1810 wohnt.
Seit 1813	bis etwa 1825, als er in die Queen Anne Street zurückkehrt, lebt er in »Sandycombe Lodge« in Twickenham, einem Haus, das er selbst entworfen hatte. Im Sommer zweite Reise nach Devon.

Charles Turner, J.M.W. Turner, National Portrait Gallery, London

1816	Aufenthalte in Yorkshire und Lancashire.
1817	Reise nach Waterloo und an den Rhein.
1818	Liefert Aquarelle für James Hakewills ›Picturesque Tour of Italy‹ (1818–20). Im Herbst Reise nach Schottland, um Material zu sammeln für Sir Walter Scotts ›The Provincial Antiquities of Scotland‹.
1818/19	Beginnt seine Galerie umzubauen und zur Queen Anne Street zu erweitern; sie wird 1822 eröffnet.
1819	Von August bis Januar 1820 erste Reise nach Italien.

J.T. Smith, J.M.W. Turner im Print Room des British Museum, um 1825, Wasserfarbe über Bleistift, British Museum, London

1821	Im September Reise nach Paris, Rouen und Dieppe.
1822	Ausstellung der Cooke-Brüder mit Turners Aquarellen zu topographischen Serien. Reise nach Schottland, wo er in Edinburgh am Besuch Georg IV. teilnimmt.
1823	Teil I der ›Rivers of England‹ erscheint (letzter Teil folgt erst 1827).
1824	Im August erste Reise an Maas und Mosel.

1825	Beginn der Arbeit an neuem wichtigen Projekt ›Picturesque Views of England and Wales‹ für Charles Heath, dessen letzter Teil 1839 erscheint. Im August Reise nach Holland und an den Rhein.
1826	Beginnt Arbeit an ›Ports of England‹, die bis 1828 erscheinen. Auftrag für Samuel Rogers' Neuausgabe seines Gedichtes ›Italy‹, das 1830 veröffentlicht wird. Lernt Hugh Andrew Johnstone Munro of Novar kennen, einen seiner bedeutendsten Förderer. Reise in die Bretagne und an die Loire.
1827	Besucht den Architekten John Nash in East Cowes Castle auf der Insel Wight.
1828	Hält seine letzte Vorlesung über Perspektive; Aufenthalt in Petworth für eine Bildserie für den Speisesaal; Arbeit an Stichserie ›Picturesque Views in Italy‹, die nicht verwirklicht wird. Anfang August bis Februar 1829 zweite Reise nach Italien.
1829	Im August reist er nach Paris und in die Normandie, Überfahrt nach Guernsey.
1830	Reise in die Midlands, um Material für das ›England and Wales‹-Projekt zu suchen.
1831	Auftrag für Illustrationen von Scotts ›Poetical Works‹, den er im Sommer in Schottland besucht. Gleichzeitig ist er mit Illustrationen für Werke Byrons beschäftigt.
1832	Im September mehrwöchige Reise nach Paris.
1833	Der erste von drei Bänden der ›Rivers of France‹, der der Loire gewidmet ist, erscheint. Thomas Griffith wird sein Kunsthändler. Im August reist Turner entlang der Donau nach Wien und weiter nach Venedig.

S.W. Parrott, Turner am Firnistag, um 1846, Öl auf Holz, Sheffield City Art Galleries, Ruskin Gallery

Alfred d'Orsay, Turner bei einer »Conversazione«, Lithographie

Charles Martin, J.M.W. Turner, 1844, Bleistift auf Papier, National Portrait Gallery, London

R. Doyle, Turner malt eines seiner Bilder, aus ›The Almanack of the Month‹, Juni 1846, National Portrait Gallery, London

1834	Der zweite Teil der ›Rivers of France‹ mit 20 Tafeln zur Seine wird publiziert. Rogers' ›Poems‹ mit 33 Vignetten Turners werden veröffentlicht. Findens ›Landscapes Illustrations of the Bible‹ beginnen in monatlichen Lieferungen zu erscheinen, außerdem die erste von 22 monatlichen Ausgaben von Scotts ›Prose Works‹.
1835	Der dritte und letzte Band der ›Rivers of France‹ erscheint. Reise nach Deutschland, Dänemark und Böhmen.
1836	Im Sommer Zeichentour mit Munro of Novar durch Frankreich bis in die Schweiz. ›Views of India‹, für die Turner sieben Entwürfe ausführt, erscheinen in diesem und im nächsten Jahr.
1837	Campbells ›Poetical Works‹ mit 20 Vignetten erscheint. Aufgabe der Professur.

George Jones, Turners Sarg in seiner Galerie in der Queen Anne Street, um 1852, Öl, Ashmolean Museum, Oxford

1838	Im August in Margate.
1839	Zweite Reise an Maas und Mosel.
1840	Lernt John Ruskin kennen. Reise über Bregenz nach Venedig und zurück über Österreich und Süddeutschland. Um 1840 bezieht er ein Haus in Chelsea, Cheyne Walk; Beziehung zu Sophia Caroline Booth.
1841	Reise in die Schweiz.
1842	Im August Reise in die Schweiz.
1843	Im Sommer erneuter Aufenthalt in der Schweiz.
1844	Letzte Reise in die Schweiz, erkundet Nahe- und Neckartal.
1845	Im September–Oktober letzte Auslandsreise nach Frankreich: nach Dieppe und an die Küste der Picardie. Turners Gesundheitszustand verschlechtert sich zusehends.
1846	Zieht sich nach Chelsea, Cheyne Walk zurück, wo er mit Sophia Caroline Booth lebt.
1847	Kontakt mit dem Fotografen J.J.E. Mayall.
1851	Am 19.12. stirbt Turner in seinem Landhaus in Chelsea, er wird in der St. Paul's-Kathedrale in London beigesetzt.

Patrick MacDowell, Statue Turners in der St. Pauls-Kathedrale, London, 1852, Marmor

Verzeichnis der Abbildungen

Geordnet nach der Reihenfolge im Text.
R. A. vor der Datierung weist auf die erste Ausstellung in der Royal Academy hin.

Mole in Calais mit französischen Fischerbooten, die ausfahren wollen. Ankunft eines englischen Paketbootes, R.A. 1803, Öl auf Leinwand, 172 x 240 cm, Turner Bequest (TB), Tate Gallery, London
Seite 9

Unsere Landung in Calais. Beinahe gekentert, Hafen von Calais-Skizzenbuch, 1802, weiße und schwarze Kreide, TB LXXXI 58–59
Seite 11

Schneesturm, Mont Cenis, 1820, Aquarell, 29,2 x 40 cm, Birmingham City Museum and Art Gallery
Seite 13

Die Herrschaften Reisenden bei ihrer Rückkehr aus Italien (vermittels Postkutsche) in einer Schneeverwehung auf dem Mont Tarare, 22. Januar 1829, R.A. 1829, Wasserfarbe und Deckfarbe, 54,7 x 74,7 cm, Trustees of the British Museum, London (Lloyd Bequest)
Seite 14

Schneesturm – ein Dampfschiff vor einer Hafeneinfahrt gibt Signale in einer Untiefe und bewegt sich nach dem Lot. Der Autor war in diesem Sturm in der Nacht als die Ariel aus Harwich auslief, R.A. 1842, Öl auf Leinwand, 91,5 x 122 cm, TB
Seite 17

Regen, Dampf und Geschwindigkeit – Die Great Western Railway, R.A. 1844, Öl auf Leinwand, 91 x 122 cm, TB
Seite 19

Das Winzerfest zu Beginn der Weinlese in Macon, R.A. 1803, Öl auf Leinwand, 146 x 237,5 cm, Sheffield City Art Galleries
Seite 24

Claude Lorrain (1600–1682), Landschaft mit Ponte Molle, 1645, Öl auf Leinwand, 73,7 x 96,5 cm, Birmingham Museums and Art Gallery
Seite 25

Schweizer Figuren, Schweizer Figuren-Skizzenbuch, 1802, Bleistift und Wasserfarbe, 16,1 x 19,5 cm, TB LXXVIII 17 a –18, DO 4798
Seite 26

Gletscher und Quelle des Arveiron am Einstieg zum Mer de Glace, R.A. 1803, Aquarell, 68,5 x 101,5 cm, Yale Center for British Art, New Haven, Paul Mellon-Sammlung
Seite 27

Die Schöllenen, von der Teufelsbrücke aus gesehen, St. Gotthard und Mont Blanc-Skizzenbuch, 1802, Bleistift und Wasserfarbe mit Kratz-Effekten auf weißem, grau grundiertem Grund, 47 x 31,5 cm, TB LXXV 33
Seite 28

Gabriel Lory d. J. (1784–1846), Die Teufelsbrücke in der Schöllenen, 1827, Aquarell, 63 x 77 cm, Kunstmuseum Bern, Graphische Sammlung
Seite 30

Die Teufelsbrücke am St. Gotthard, um 1803–04, Öl auf Leinwand, 76,8 x 62,8 cm, Privatsammlung, Schweiz
Seite 31

Der Rheinfall von Schaffhausen, R.A., 1806, Öl auf Leinwand, 144,7 x 233,7 cm, Museum of Fine Arts, Boston
Seite 32

Niedergang einer Lawine in Graubünden, R.A. 1810, 90 x 120 cm, TB
Seite 33

*Philip James de Loutherbourg (1740–1812),
Die Lawine,* 1803, Öl auf Leinwand,
109,9 x 160 cm, Tate Gallery, London
Seite 34

Der Brienzer See, 1809, Wasserfarbe,
38,8 x 55,6 cm, British Museum, London
(1958-7-12-409)
Seite 35

Das Schlachtfeld von Waterloo, R.A. 1818,
Öl auf Leinwand, 147,5 x 239 cm, TB
Seite 39

Die Pfalz bei Kaub, 1817, Wasser- und Deckfarbe auf weißem, mit grauer Lavierung präpariertem Papier, 19 x 30, 5 cm, Privatsammlung
Seite 40

Die Pfalz, Kaub und Gutenfels, Osterspai und Feltzen, Waterloo- und Rhein-Skizzenbuch,
1817, Bleistift, TB CLX 73v–74r
Seite 40

*Christian Georg Schütz d. J. (1758–1823),
Die Pfalz von Kaub mit Burg Gutenfels,*
1818, Aquarell, 21,1 x 29,4 cm, Museum Wiesbaden
Seite 40

Lorelei und Sankt Goarshausen, 1817,
Deck- und Wasserfarbe mit Auskratzungen auf weißem, mit grauer Lavierung präpariertem Papier, 19,7 x 30,9 cm, Trustees of The British Museum, London
(1958-7-12-4169)
Seite 41

Köln, 1817, Deck- und Wasserfarbe mit Auskratzungen auf weißem, mit grauer Lavierung präpariertem Papier, 19,5 x 30,5 cm, Privatsammlung
Seite 43

Canal Grande, Blick auf die Rialto-Brücke,
1819, Bleistift, 11,1 x 37,5 cm, TB CLXXV
48 a, 49
Seite 46

Venedig: San Giorgio Maggiore: Morgen, 1819,
Aquarell, 22,4 x 28,7 cm, TB CLXXXI – 4
Seite 47

Rom: Die Fassade des Pantheon, Petersdom-Skizzenbuch, 1819, Bleistift, 11,4 x 19 cm,
TB CLXXXVIII 28
Seite 48

Rom: Der Petersdom, von der Villa Barberini aus gesehen, 1819, Bleistift, Wasser- und Deckfarben auf weißem, mit grauer Lavierung präpariertem Papier, 22,6 x 36,8 cm,
TB CLXXXIX 2
Seite 49

Rom: Das Forum mit einem Regenbogen, 1819,
Bleistift, Wasserfarbe und Deckfarbe auf weißem, mit grauer Lavierung präpariertem Papier, 22,9 x 36,7 cm, TB CLXXXIX – 46
Seite 49

Tivoli, 1819, Bleistift und Wasserfarben,
23 x 40,4 cm, TB CLXXXVII 32
Seite 50

Neapel, von Schloß Capodimonte aus gesehen,
1819, Bleistift und Wasserfarben,
25,3 x 40,2 cm, TB CLXXXVII – 13
Seite 51

Florenz, von San Miniato aus gesehen, um 1827,
Wasser- und Deckfarbe, 28,6 x 41,8 cm
Seite 52

Rom, vom Vatikan aus gesehen. Raffael, begleitet von La Fornarina, bereitet seine Bilder für die Ausschmückung der Loggia vor, R.A. 1820, Öl auf Leinwand, 177 x 335,5 cm, TB N 00503
Seite 53

Die Bucht von Baiae, mit Apollo und der Sibylle,
R.A. 1823, Öl auf Leinwand, 145,5 x 230 cm,
TB
Seite 55

*Rouen, vom Südufer der Seine aus gesehen,
Dieppe-, Rouen-, und Paris-Skizzenbuch,* 1821,
Bleistift, 118 x 123 cm, TB CCLVIII ff. 6
verso, 7
Seite 58

Der Leuchtturm von Marseille, vom Meer aus gesehen, um 1828, Wasserfarbe und Deckfarbe und Feder mit Auskratzungen auf grauem Papier, 14,2 x 19 cm, TB CCLIX 139
Seite 59

Szene an der Loire, nahe der Malvenhügel, 1826–30, Wasser- und Deckfarbe mit Feder auf blauem Papier, 14 x 19 cm, Visitors of the Ashmolean Museum, Oxford
Seite 59

Amboise, 1826–30, Wasserfarbe und Deckfarbe mit Feder auf blauem Papier, 13,2 x 18,7 cm, Visitors of the Ashmolean Museum, Oxford
Seite 60

William Miller nach J.M.W. Turner, Rouen, vom Hügel Sainte-Catherine aus gesehen, (R.468), für ›Turner's Annual Tour‹ – Seine, 1834
Seite 60

Paris: Marché aux Fleurs und Pont au Change, um 1832, Wasser- und Deckfarbe auf blauem Papier, 13,9 x 19 cm, TB CCLIX 120
Seite 61

Ansicht der Seine zwischen Mantes und Vernon, um 1832, Deckfarbe mit etwas Feder auf blauem Papier, 14,2 x 19,3 cm, TB CCLIX 114
Seite 62

Zwischen Quilleboeuf und Villequier, um 1832, Wasserfarbe, Deckfarbe und Feder auf blauem Papier, 13,8 x 19 cm, TB CCLIX 104
Seite 63

Seine-Mündung, Quilleboeuf, R.A. 1833, Öl auf Leinwand, 91,5 x 123, 2 cm, Fundaçao Calouste Gulbenkian, Lissabon
Seite 65

Skizzen der Maas zwischen Moselkern und Starkenburg, 1824, Bleistift mit roten und blauen Bleistiftunterstreichungen, TB CCXVI 4v-5r
Seite 66

Die Mosel zwischen Ehrang und Kirsch, Maas- und Mosel-Skizzenbuch, 1824, Bleistift, 11,8 x 7,8 cm, TB CCXVI 99v-100r
Seite 67

Ansicht des Hafens von Dieppe, R.A. 1825, Öl auf Leinwand, 173,7 x 225,4 cm, The Frick Collection, New York
Seite 69

Köln, die Ankunft eines Paketbootes, Abend, R.A. 1826, Öl auf Leinwand, 168,6 x 224,1 cm, The Frick Collection, New York
Seite 70

Ansicht von Orvieto, in Rom gemalt, 1828, R.A. 1830, Öl auf Leinwand, 91,4 x 123,2 cm, TB N 00511
Seite 74

Südliche Landschaft mit Aquädukt und Wasserfall, 1828, Öl auf Leinwand, 150,2 x 249,2 cm, TB N 05506
Seite 75

Childe Harolds Pilgerfahrt – Italien, R.A. 1832, Öl auf Leinwand, 142 x 248 cm, Tate Gallery, London
Seite 76

Das moderne Rom – Campo Vaccino, R.A. 1839, Öl auf Leinwand, 90,2 x 122 cm, The Earl of Rosebery, Leihgabe in der National Gallery of Scotland, Edinburgh
Seite 77

Clarkson Stanfield (1793–1867), Venedig von der Dogana aus, R.A. 1833, Öl auf Leinwand, 130 x 116,5 cm, The Earl of Shelburne
Seite 78

Canaletto (1697–1768), Venedig: Die Bacino di S. Marco an Himmelfahrt, um 1732, Öl auf Leinwand, 77 x 126 cm, The Royal Collection Trust, Windsor Castle, Windsor
Seite 78

Seufzerbrücke, Palazzo Ducale und Dogana, Venedig: Canaletto beim Malen, R.A. 1833, Öl auf Holz, 51 x 82,5 cm, TB
Seite 79

Gasthofszene in Linz an der Donau, 1833, Bleistift, TB CCC 54 v
Seite 80

Zwei Ansichten von Innsbruck, Wien bis Venedig-Skizzenbuch, 1833, Bleistift, 18,4 x 11,4 cm, TB CCCXI ff. 55 v, 56
Seite 80

131

Venedig: Die Piazzetta und die Markuskirche: Nacht, um 1833–35, Wasserfarbe und Deckfarbe auf braunem Papier, 15 x 22,6 cm, TB CCCXVIII-1
Seite 81

Die Seufzerbrücke: Nacht, um 1833–35, Wasserfarbe und Deckfarbe auf braunem Papier, 22,7 x 15,3 cm, TB CCCXIX-5
Seite 82

In San Marco, Ansicht aus dem Venedig-Skizzenbuch, 1833
Seite 83

Die Liebenden, Szene aus Shakespeares ›Der Kaufmann von Venedig‹, Ansicht aus dem Venedig-Skizzenbuch, 1833
Seite 83

Julia und ihre Amme, R.A. 1836, Öl auf Leinwand, 89 x 120,6 cm, Sra Amalia Lacroze de Fortabat, Argentinien
Seite 85

Berlin: Das Brandenburger Tor, Dresden- und Berlin-Skizzenbuch, 1835, Bleistift, 16,1 x 8,7 cm, TB CCCVII 23
Seite 90

Dresden: Die Frauenkirche vom Neumarkt aus, mit dem Johanneum links, Dresden- und Berlin-Skizzenbuch, 1835, Bleistift, 16,1 x 8,7 cm, TB CCCVII 5r
Seite 90

Schneesturm, Lawine und Überschwemmung – eine Szene im oberen Aosta-Tal, Piemont, R.A. 1837, Öl auf Leinwand, 91,5 x 122,5 cm, The Art Institute of Chicago
Seite 91

An der Mosel, 1839, Deck- und Wasserfarbe auf blauem Papier, 18,6 x 23,2 cm, TB CCCLXIV 249
Seite 92

Place Royale, Spa, Ansicht vom Eingang zur »Promenade de Sept-Heures«, um 1839, Gouache, Bleistift und Feder, Wasserfarbe auf blauem Papier, 14 x 18,9 cm, TB CCLIX 223
Seite 93

Ansicht vom Fetschenhof aus, um 1839, Gouache, Bleistift und Feder, Wasserfarbe auf blauem Papier, 14 x 19 cm, Musée de l'Etat, Luxemburg
Seite 94

Ansicht von Cochem, um 1839, Deck- und Wasserfarbe auf blauem Papier, 14,1 x 19 cm, TB CCLIX 158
Seite 95

Burg Hals und die Ilz, vom Hang aus gesehen, 1840, Bleistift, Wasser- und Deckfarbe auf grauem Papier, 14,2 x 19,1 cm, TB CCXCII 13
Seite 100

Regensburg, von der Brücke aus gesehen, 1840, Bleistift, Wasser- und Deckfarbe mit Tusche auf grauem Papier, 19,1 x 28,3 cm, TB CCCLXIV 293
Seite 101

Die Eröffnung der Walhalla, 1842, R.A. 1843, Öl auf Mahagoni, 112,5 x 200,5 cm, TB N 00533
Seite 102

Der Marktplatz in Coburg, 1840, Wasser- und Deckfarbe auf grauem Papier, 19,2 x 27,9 cm, TB CCCXVII 8
Seite 104

Schloß Rosenau: Sitz Ihrer Königlichen Hoheit des Prinzen Albert von Coburg, in der Nähe von Coburg, R.A. 1841, Öl auf Leinwand, 97,2 x 124,8 cm, Walker Art Gallery, Liverpool
Seite 104

Unwetter über der Lagune, 1840, Wasserfarbe mit Feder und Deckfarbe, 21,8 x 31,8 cm, The Trustees of the British Museum, London (1915-3-13-50)
Seite 105

Blick auf einen kreuzenden Kanal in der Nähe des Arsenals, 1840, Wasser- und Deckfarbe über Bleistift mit Feder und Tusche auf grauem Papier, 19,1 x 28 cm, TB CCCXVII 29
Seite 105

Die Dogana, San Giorgio und die Citella von den Stufen des Hotels Europa aus, R.A. 1842, 61,6 x 92,7 cm, TB
Seite 106

Die Dogana mit Santa Maria della Salute, R.A. 1843, Öl auf Leinwand, 63 x 93 cm, National Gallery of Art, Washington
Seite 109

Venedig mit Santa Maria della Salute, um 1840–45, Öl auf Leinwand, 62 x 92,5 cm, TB
Seite 111

Ehrenbreitstein, 1841, Wasserfarbe auf crèmefarbenem Velinpapier, 24,5 x 30,5 cm, TB CCCLXIV 309
Seite 114

Heidelberg, von Osten her gesehen, 1844, Bleistift und Wasserfarbe mit Federzeichnung, 22,8 x 32,7 cm, TB CCCLII 9
Seite 115

Heidelberg, um 1844–45, Öl auf Leinwand, 132 x 201 cm, TB N00518
Seite 115

Der dunkle Rigi, Musterstudie, um 1841–42, Wasserfarbe, 23,1 x 32,2 cm, TB CCCLXIV 279
Seite 116

Der dunkle Rigi, 1842, Wasserfarbe, 30,5 x 45,5 cm, Leihgabe der Nivison Collection an die Laing Gallery, Newcastle upon Tyne
Seite 116

Ein Fest in Zürich, 1845, Wasserfarbe und etwas Bleistift mit Auskratzungen, 29,3 x 47,5 cm, Kunsthaus Zürich
Seite 117

Der St. Gotthard-Paß nahe Faido: Musterstudie, um 1842–43, Bleistift, Wasserfarbe mit Feder, 22,9 x 29 cm, TB CCCLXIV 209
Seite 119

In der PEGASUS *Bibliothek* sind bereits folgende Bände erschienen:

Max Beckmann – Die Suche nach dem Ich von Wendy Beckett

Cézanne in der Provence von Evmarie Schmitt

Marc Chagall – Daphnis und Chloe Text von Longus

Dalís Begierden von Ralf Schiebler

Edgar Degas – Ballett und Boudoir von Lillian Schacherl

Gauguin – Bilder aus der Südsee von Eckhard Hollmann

Vincent van Gogh – Das Drama von Arles von Alfred Nemeczek

Edward Hopper – Bilder aus Amerika von Wieland Schmied

Wassily Kandinsky und Gabriele Münter von Annegret Hoberg

Paul Klee – Malerei und Musik von Hajo Düchting

Gustav Klimt – Maler der Frauen von Susanna Partsch

Kokoschka und Alma Mahler von Alfred Weidinger

Luxus des Lebens - Die »Très Riches Heures« des Herzogs von Berry
von Lillian Schacherl

Edouard Manet – Pariser Leben von Hajo Düchting

Miró auf Mallorca von Barbara Catoir

Amedeo Modigliani – Akte und Porträts von Anette Kruszynski

Monet in Giverny von Karin Sagner-Düchting

Picasso – Die Welt der Kinder von Werner Spies

Renoir - Augenblicke des Glücks von Karin Sagner-Düchting

Rodin und Camille Claudel von J.A. Schmoll gen. Eisenwerth

Egon Schiele – Eros und Passion von Klaus Albrecht Schröder

Tizian – Nymphe und Schäfer von John Berger und Katya Berger Andreadakis

Toulouse-Lautrec – Der Maler vom Montmartre von Reinhold Heller